C. Bommert

Körperorientierte Psychotherapie nach sexueller Gewalt

Claudia Bommert

Körperorientierte Psychotherapie nach sexueller Gewalt

BELTZ

Psychologie Verlags Union

Anschrift der Autorin:

Dipl. Psych. Claudia Bommert
Psychologische Praxis
Polziner Str. 14b
38518 Gifhorn

Lektorat: Gerhard Tinger

Die Deutsche Bibliothek – CIP-Einheitsaufnahme

Bommert, Claudia:
Körperorientierte Psychotherapie nach sexueller Gewalt /
Claudia Bommert. – Weinheim : Psychologie-Verl.-Union, 1993
ISBN 3-621-27186-4

Umschlagentwurf: Dieter Vollendorf, 80636 München
Herstellung: Goldener Schnitt · R. Kusche, 76547 Sinzheim
Satz, Druck und Bindung: Druckhaus „Thomas Müntzer“ GmbH,
99947 Bad Langensalza
Printed in Germany

ISBN 3-621-27186-4

Vorwort

Ich möchte mich bei allen bedanken, die mich mit hilfreichen Anregungen dabei unterstützt haben, dieses Buch in seiner vorliegenden Form zu schreiben. Mein Dank gilt meinem Mann, meinen Eltern, Frau Dr. Ingrid Just, Herrn Dr. Jürgen Just und Frau Dr. Eva Breitenbach. Neben inhaltlichen Verbesserungen haben ihre Beiträge dazu geführt, daß das Buch nun – hoffentlich – nicht nur für Fachleute, sondern für jede Frau verständlich geworden ist.

Unseren Kindern danke ich für ihr Verständnis und ihre Rücksichtnahme, ohne die ich das Buch nicht hätte schreiben können. Unserer Tochter Nicole sei herzlich gedankt, daß sie sich so liebevoll um unseren Kleinsten gekümmert hat, wenn ich schreiben wollte. Nur so war die Erstellung dieses Buches möglich.

Inhaltsverzeichnis

Einleitung

Dieses Buch wurde geschrieben auf dem Hintergund meiner zehnjährigen therapeutischen Arbeit mit Frauen, die sexuelle Gewalt in irgendeiner Form erlebt haben. Es ist gedacht als Anregung für Kolleginnen, die mit Frauen nach sexuellen Gewalterfahrungen arbeiten. Aber es ist auch für alle Frauen geschrieben, die von sexueller Gewalt betroffen sind, und für all diejenigen, die sich für dieses Thema interessieren. Jede betroffene Frau kann wahrscheinlich irgendeinen Teil ihrer selbst in einem Abschnitt dieses Buches wiederfinden. Die Möglichkeit, die Entstehung von Störungen zu begreifen und auch zu sehen, daß sie verarbeitet werden können, soll betroffenen Frauen Mut machen. Frauen können für sich selbst eine therapeutische Verarbeitungsmöglichkeit suchen mit dem Ziel, in der Zukunft ein besseres und zufriedeneres Leben führen zu können.

Als Methode für die Verarbeitung sexueller Gewalterlebnisse verwende ich auch Techniken der körperorientierten Psychotherapie. Diese Methode geht davon aus, daß Körper und Seele eine Einheit sind. Erlebnisse sexueller Gewalt schädigen Körper und Seele, und in meiner Arbeit hat es sich als sinnvoll erwiesen, nicht nur über die Erlebnisse zu sprechen, sondern auch mit dem gequälten Körper zu arbeiten.

Die Methode der Körperorientierten Psychotherapie ist eine Methode, die vor etwa 50 Jahren entwickelt wurde, sie ist dennoch wissenschaftlich noch nicht anerkannt. Bemühungen um wissenschaftliche Nachweise für die Wirkungsweise dieser Methode sind inzwischen in Arbeit, aber noch nicht ausreichend vorhanden.

Da die Notwendigkeit von Anregungen zur therapeutischen Arbeit mit betroffenen Frauen schon lange besteht, möchte ich nicht warten, bis die Wirksamkeit der Körperorientierten Psychotherapie auch ausreichend wissenschaftlich nachgewiesen ist. Dieses Buch erhebt keinen Anspruch auf Wissenschaftlichkeit, sondern basiert auf Erfahrungen und theoretischen Überlegungen, die sich aus der praktischen Arbeit ergeben.

An dieser Stelle möchte ich die Hoffnung aussprechen, daß mein Buch ein Anlaß zu Diskussionen und zu der dringend notwendigen Auseinandersetzung mit sexueller Gewalt sein kann. Dieses Buch gibt direkte und klare Anregungen, die in zehnjähriger praktischer Arbeit gewonnen wurden. Ich hoffe, daß es betroffenen Frauen und den Therapeutinnen, die mit ihnen arbeiten, Anregungen gibt und ihre eigene Phantasie beflügelt, Wege zu suchen vom Überleben zu einem selbstbestimmten und zufriedenen Leben hin.

1. Daten, Definitionen und Begriffe

Sexueller Mißbrauch wird definiert als „Ausbeutung eines Kindes durch einen Erwachsenen, indem der Erwachsene das Kind benutzt als Objekt der Befriedigung seiner eigenen sexuellen Bedürfnisse.“ (Rust in: Backe, Leick, Merrick, Michelsen, S. 7)

Im Gegensatz zu früheren Vorstellungen, es gehe beim Mißbrauch nur um eine sexuelle Befriedigung des Täters, muß betont werden, daß es auch um Machtausübung geht. Der Täter benutzt einen schwächeren und abhängigen Menschen, um sein Bedürfnis nach Macht auszuagieren, und er benutzt dabei die Sexualität als Mittel.

Sexualität kann für ihn auch ein Mittel sein, um vom Kind Anerkennung oder Körperkontakt zu bekommen, die er ansonsten nicht erhält. Ein solcher Täter behandelt das Kind oft nicht unbedingt gewaltsam, sondern häufig sogar sanft und verständnisvoll. Hierzu die Definition von Hildebrand zum Inzest: „Inzest [1] liegt vor, wenn ein Familienmitglied (d. h. eine Person, die ständig oder nur zeitweise diese Rolle innehat) in einer Machtposition ein Bedürfnis (z. B. Machtbedürfnis, Bedürfnis nach Körperkontakt, nach Anerkennung) bei einem anderen Familienmitglied in einer schwächeren Position durch Sexualisierung zu befriedigen versucht. Sexualisierung kann hier alles sein, von der Liebkosung, dem Kuß, wiederholten verbalen Bemerkungen über Brüste oder andere Körperteile einer Person bis hin zum oralen, analen oder genitalen Geschlechtsverkehr oder Masturbation mit dem Opfer oder vor den Augen des Opfers.“ (in: s. o., S. 52)

Dieser Definition möchte ich noch Blicke des Täters sowie Photos oder Filmaufnahmen in sexueller Absicht zufügen. Weiterhin gilt meiner Ansicht nach diese Definition nicht nur für Inzest durch Familienmitglieder, sondern für das gesamte soziale Nahfeld, also für Täter, die das Kind kennt.

Ein mögliches Motiv des Täters kann darin liegen, daß er eigene Probleme und Spannungen am Kind ausagiert [2]. Er setzt sich nicht mit den

Verletzungen aus seiner Kindheit oder aus späteren Jahren auseinander. Der Täter sucht nicht nach angemessenen Lösungen, sondern benutzt Sexualität als Ventil.

Ein anderes Motiv kann darin bestehen, daß der Täter seine Sexualität nicht auf eine erwachsene Partnerin richten kann. Wenn er seine sexuellen Bedürfnisse auf ein Kind lenkt, zeigt sich darin seine infantil [3] gebliebene Sexualität. In der sexuellen Entwicklung des Täters liegt eine Störung vor, durch die er unfähig ist, seine Sexualität einer erwachsenen Partnerin gegenüber zum Ausdruck zu bringen. Um Sexualität dennoch ausleben zu können, agiert er sie an einem Kind aus, das er als schwächer und damit als nicht bedrohlich erlebt. Er stellt sich auf die Stufe des Kindes und verhält sich ihm gegenüber wie ein Altersgenosse. Dies führt oft dazu, daß ein solcher Täter bei Kindern beliebt ist, weil er sich mit ihnen beschäftigt. Die Situationen mit dem Kind verwendet er dazu, um ihm mit sexuellen Verhaltensweisen zu begegnen, die nicht dessen kindlichem Entwicklungsstand entsprechen. Er nutzt dabei seine Überlegenheit als Erwachsener dazu aus, Situationen so zu gestalten wie er es will.

Ein gewaltsamer Täter kann *verschiedene Formen von Gewalt* ausüben, körperliche, psychische und sexuelle Gewalt oder auch eine Kombination aus den drei Formen.

Psychische Gewalt zeigt sich in verbalen Äußerungen, Drohungen, Zwängen und dem mit sexuellem Mißbrauch meistens verbundenen Schweigegebot; das Kind darf niemandem davon erzählen. Häufig wird dieses Schweigegebot zusammen mit Drohungen ausgesprochen, das Kind werde bestraft oder komme in ein Heim, oder die Mutter werde krank oder sei böse mit dem Kind, wenn sie davon erfahre. Diese Drohungen genügen, um das Kind zum Schweigen zu bringen.

In den meisten Fällen ist ein Schweigegebot nicht einmal erforderlich, da das Kind sich dieser Erlebnisse schämt und von sich aus nicht darüber spricht. Das Kind ist auch sensibel genug, um zu spüren, welche Konsequenzen ein Sprechen über den sexuellen Mißbrauch für die jeweiligen Mitglieder der Familie hätte. Wenn das Kind noch sehr klein ist, kann es unter Umständen nicht einmal in Worte fassen, was ihm widerfahren ist.

Körperliche Gewalt ist jede Form von körperlicher Verletzung. Bei sexuellem Mißbrauch treten diese körperlichen Verletzungen auch im Genitalbereich auf. Sexueller Mißbrauch wird oft verbunden mit sadistischen körperlichen Verletzungen oder auch mit ritualisierten Formen von Schlägen, die verschiedene Körperregionen treffen können.

Die *sexuelle Gewalt* zeigt sich in sexuellen Handlungen wie Berührungen, Oral- und Analverkehr, Geschlechtsverkehr oder auch in Worten oder Blicken, Photos und Filmen. Nicht jeder Blick oder jede Berührung eines

Kindes ist sexueller Mißbrauch. Die wesentliche Komponente zur Definition des sexuellen Mißbrauchs liegt dabei in der sexuellen Absicht des Täters.

Sexueller Mißbrauch geschieht niemals zufällig, sondern ist immer gezielt und geplant. Die sexuelle Absicht des Täters ist für jedes Kind spürbar. Wenn es noch zu klein ist, um etwas von der genitalen Sexualität eines Erwachsenen zu verstehen, empfindet es die Mißbrauchshandlungen in jedem Fall als merkwürdig, unangenehm, komisch. Es wird versuchen, sich diesen Situationen zu entziehen und ihnen möglichst aus dem Wege zu gehen.

Ein Kind wird sexuellen Mißbrauch allenfalls dann dulden, wenn er für das Kind die einzige Form von Kontakt, Zuwendung oder körperlichen Berührungen bedeutet. In dieser Situation nimmt ein Kind den unangenehmen Teil des Kontakts in Kauf, um überhaupt Zuwendung und Körperkontakt zu erleben.

Zur Häufigkeit: Von sexuellem Mißbrauch betroffen sind nach den letzten Schätzungen jedes dritte Mädchen und jeder zehnte Junge. Da es sich immer um Schätzungen handelt, werden in unterschiedlichen Quellen verschiedene Daten genannt. Schätzungen beinhalten jeden einzelnen Übergriff, auch wenn er im Leben einer Frau nur einmal stattgefunden hat. Weiterhin werden alle Formen sexueller Übergriffe einbezogen, die unter die Definition des sexuellen Mißbrauchs fallen, von Blicken, Bemerkungen, Berührungen bis zur Vergewaltigung. Dies führt dazu, daß Schätzungen oft sehr hoch ausfallen. Keinesfalls kann die Problematik des sexuellen Mißbrauchs aber daraufhin bagatellisiert werden. Es handelt sich nicht um ein gelegentlich auftretendes Problem, sondern um eine der häufigsten Ursachen psychischer Störungen bei Frauen und Mädchen.

Als Beispiel für eine Schätzung zitiere ich die Daten des Ministeriums für Arbeit, Gesundheit und Soziales des Landes Nordrhein-Westfalens: „Zum überwiegenden Tiel geht sexuelle Gewalt gegen Kinder und Jugendliche von Männern aus, auch bei sexuellem Mißbrauch von Jungen. Manchmal beuten jedoch auch Frauen Mädchen und Jungen sexuell aus. In 93% der Fälle ist der Täter dem Opfer bekannt. Ein Drittel stammt aus dem weiteren sozialen Umfeld, ein Drittel aus dem familialen Nahbereich – Verwandte, Nachbarn, Babysitter, auch Pädagogen – und ein Drittel aus der Familie selbst – Väter, Stiefväter, Brüder, mitunter auch Mütter. Die Gefahr, sexuell mißbraucht zu werden, ist für Jungen im nahen sozialen Umfeld größer, während Mädchen häufiger innerhalb der eigenen Familie sexuelle Gewalt erfahren." (S. 9 – 10) Sexueller Mißbrauch ist nicht festgelegt auf eine spezielle Altersgruppe von Kindern, sondern wird an Kindern jeden Alters verübt. Auch Säuglinge und Kleinkinder sind betroffen.

In der Fachliteratur werden für sexuell mißbrauchte Frauen hauptsächlich die Begriffe „Betroffene" oder „Überlebende" verwendet. Der Begriff „Überlebende" soll deutlich machen, daß eine Frau mit Erfahrungen sexueller Gewalt nicht nur ein Opfer ist. Sie muß nicht hilflos bleiben, sondern kann diese Erfahrungen überleben. Dieser Begriff beinhaltet auch, daß alle Störungen, die die Frau entwickelt hat, nicht krankhaft sind, sondern dazu gedient haben, diese schrecklichen Erfahrungen zu überleben.

Ich möchte weder den einen noch den anderen Begriff verwenden, weil beide eine Dynamik ausdrücken. Einmal ist das Betroffensein gemeint, das Ertragenmüssen, das Ziel von sexueller Gewalt zu sein. Beim Begriff „Überlebende" sind die Mühe und Arbeit spürbar, diese Gewalt überhaupt zu überleben, das mühsame Kämpfen um jeden Schritt vorwärts.

Ich möchte einfach den Begriff „Frau" verwenden, weil es für mich um das Frausein geht, um jede Frau und um das, was in ihr vorgeht. Es geht um die Frau, die alle Möglichkeiten in sich hat. Sie kann resignieren und körperlich oder seelisch sterben oder aber vorwärts gehen und Wege suchen, diese Erfahrungen hinter sich zu lassen, über sie hinauszuwachsen und für sich und mit anderen ein Leben mit Freude und Zufriedenheit aufzubauen.

Dieses positive Potential habe ich bislang in jeder Frau gesehen, und es ist wichtig, daß sie lernt, dieses Potential für sich zu nutzen.

Dazu kommt, daß jede Frau in ihrem Leben verschiedensten Formen von sexueller Gewalt ausgesetzt ist und damit auch jede Frau „betroffen" ist. Sexuelle Gewalt besteht ja nicht nur aus den extremsten Formen wie Vergewaltigung, Geschlechtsverkehr gegen den eigenen Willen, erzwungenem Oralverkehr oder sadistischen Formen, sondern beginnt bei den kleinsten Handlungen, die von einer mächtigen Person gewaltsam gegen eine schwächere Person ausgeübt werden und in sexualisierter Form geschehen.

In Anbetracht dessen, daß jede Frau von sexueller Gewalt im Laufe ihres Lebens betroffen ist, und sei es „nur" durch Worte oder Blicke, möchte ich also generell von der „Frau" sprechen.

Sicherlich sind auch Jungen von sexueller Gewalt betroffen, man spricht inzwischen von jedem sechsten oder zehnten Jungen, der sexuellen Mißbrauch erlebt. Ich möchte aber auf diese Problematik in Bezug auf Therapie in meinem Buch nicht näher eingehen, sondern eine genauere Arbeit meinen männlichen Kollegen überlassen, die sich vermutlich besser einfühlen können – wie dieses als Frau bei Frauen ebenfalls einfacher ist. Mehr Informationen über betroffene Jungen finden sich bei Enders (1990). Weiterhin gibt es inzwischen Veröffentlichungen holländischer Kollegen zum sexuellen Mißbrauch an Jungen (van den Broek und van Outsem).

Einige der Störungsbilder, die ich im Verlauf dieses Buches darstellen möchte, sind sicherlich auch bei betroffenen Männern zu finden und damit therapeutische Herangehensweisen teilweise auch auf männliche Klienten übertragbar.

Grammatikalisch nicht richtig, aber mit Überlegung verwende ich im Zusammenhang mit dem Wort „Mädchen" das Pronomen „sie", sofern es mir irgend möglich erscheint. Generell bin ich der Meinung, daß ein Mädchen weiblich ist und nicht mit „es", sondern mit „sie" bezeichnet werden sollte. Zusätzlich legt das Pronomen „es" im Zusammenhang mit Mädchen mit sexuellen Gewalterfahrungen eine Assoziation zum Pronomen „es" als zu „dem Opfer" gehörend nahe. Eine solche Assoziation möchte ich ebenso vermeiden wie weiter oben schon für die Begriffe „Betroffene" oder „Überlebende" dargestellt.

Ich unterscheide im Text nicht durchgängig nach sexuellen Gewalterfahrungen in der Kindheit und solchen, die später erlebt wurden. Eine solche Unterscheidung nehme ich nur vor, wenn sie mir inhaltlich wichtig erscheint. Die Folgeerscheinungen sexueller Gewalterlebnisse sind in beiden Fällen weitgehend dieselben, ebenso die Gefühle und Probleme der Frau. Die therapeutischen Herangehensweisen unterscheiden sich ebenfalls nicht voneinander. Auf spezielle Aspekte sexueller Gewalt im Erwachsenenalter gehe ich in einem eigenen Kapitel zum Ende ein.

Wenn Frauen sexuelle Gewalt durch Männer erfahren haben, wollen sie meistens nur mit einer Frau ihre Erlebnisse aufarbeiten. Sie haben kein Vertrauen zu einem Mann und können sich einem männlichen Therapeuten nicht so gut wie einer Therapeutin gegenüber öffnen. Ein Wunsch der Frau nach einer Therapeutin sollte immer respektiert werden, um ihr alle Möglichkeiten für eine Verarbeitung zu erschließen. Da die meisten Übergriffe auf Frauen durch Männer erfolgen, sind es hauptsächlich Therapeutinnen, an die sich Frauen wenden. Daher soll im folgenden von der „Therapeutin" gesprochen werden.

2. *Voraussetzungen für die therapeutische Arbeit*

Nach der Verarbeitung eigener Erlebnisse habe ich die Arbeit mit Frauen, die sexuelle Gewalt erlebt haben, begonnen. Ich hatte die Gewißheit erlangt, daß auch diese furchtbaren Erfahrungen überwunden werden können.

Die Sicherheit, daß sexuelle Gewalt nicht nur überlebt werden kann, sondern daß ein positives Leben danach wieder möglich ist, war für mich die wichtigste Voraussetzung dafür, anderen Frauen mit meiner Arbeit Mut und Hoffnung zu machen. Dieser Mut und diese Hoffnung sind die wichtigsten Grundlagen meiner Arbeit, weil es sich wirklich lohnen muß, die Zeit der schmerzhaften Bearbeitung der schrecklichen Erlebnisse auf sich zu nehmen. Die therapeutische Arbeit an sexuellen Gewalterlebnissen braucht oft Monate, in denen die Frau sich schlecht fühlt und in denen sie den Eindruck hat, alles noch einmal zu erleben, was sie vergessen wollte. Erst dann sieht sie einen Lichtschein am Horizont und spürt allmählich, daß ein Teil der bedrückenden Last von ihr abzufallen beginnt. Die Frau kann fühlen, daß sie mit Sinn und Freude leben kann statt wie bisher einen Tag nach dem anderen hinter sich zu bringen mit Schmerzen und Problemen oder ohne jede Wahrnehmung und ohne jedes Gefühl.

Um die therapeutische Arbeit gut leisten zu können, ist es wichtig, die eigenen Gefühle zum Thema sexueller Gewalt genau zu kennen. Die Therapeutin muß sie in allen Einzelheiten spüren können, ohne Angst zu haben. Sie muß die Gefühle von Angst, Wut, Haß, Schmerz, Enttäuschung, Panik, Hilflosigkeit, Grauen und Entsetzen in sich fühlen können, ohne vor ihnen davonlaufen zu müssen.

Eine Frau mit sexuellen Gewalterfahrungen kennt alle diese Gefühle und hat selbst Angst vor ihnen. Um die Gefühle aber bewältigen zu lernen, darf sie nicht vor ihnen davonlaufen, sondern sie braucht eine furchtlose Begleiterin in der Therapeutin, die sie an die Hand nimmt und mit ihr gemeinsam durch ein Gefühl nach dem anderen geht. Auf diesem Weg erkennt sie mit Hilfe der Therapeutin die Ursachen dieser Gefühle und lernt, wie sie anders damit umgehen kann.

Dazu muß die Therapeutin für sich selbst wissen, daß diese Gefühle nicht gefährlich, sondern der Gewaltsituation entsprechend „normal“ sind und daß sie im weiteren bewältigt werden können. Wenn die Therapeutin Angst vor einem dieser Gefühle in sich selbst zeigt, spürt die Frau ihr gegenüber dies sofort und kann sich bei der Therapeutin nicht mehr fallenlassen. Die Frau wird es nicht wagen, sich einem dieser furchtbaren Gefühle auszusetzen, wenn sie sich nicht sicher sein kann, daß ihre Therapeutin sie damit auffängt. Mit der fast allen sexuell mißbrauchten Frauen gemeinsamen Sensibilität spürt sie sofort, ob eine Therapeutin Angst vor den schrecklichen Erlebnissen sexueller Gewalt und den damit verbundenen Gefühlen hat oder nicht. Stellt die Frau fest, daß die Therapeutin Angst hat, wird sie sie schonen und ihr nicht von den belastenden Erlebnissen erzählen.

Die Notwendigkeit, daß die Therapeutin keine Angst vor dem Thema der sexuellen Gewalt und den damit verbundenen eigenen Gefühlen hat, wird besonders daran deutlich, daß viele betroffene Frauen die Erinnerungen an die schrecklichen Erlebnisse verdrängt haben. Sie können sich an nichts erinnern und haben damit nicht einmal die Möglichkeit, der Therapeutin etwas zu erzählen oder nach eigener Wahl zu verschweigen. Diese Frauen brauchen umso mehr eine furchtlose Therapeutin, die auch Erlebnisse sexuellen Mißbrauchs immer und überall für möglich hält und sie als eine eventuelle Ursache von vielen möglichen Ursachen bei Problemen in Erwägung zieht.

So schwer es auch sein mag, keine Angst zu haben, so ist dies eine der wesentlichsten Bedingungen. Für die Therapeutin ist es daher wichtig, einen Platz und Gelegenheit dafür zu haben, über ihre eigenen Gefühle sprechen und sie bearbeiten zu können. Sie muß ihre Reaktionen verarbeiten, um der Frau ohne eine innere Belastung gegenüberstehen zu können. Diese Verarbeitung kann z. B. in Form von Supervision [4] erfolgen.

Die Schweigepflicht gehört zum Beruf der Therapeutin, sie ist selbstverständlich. Dennoch begegnet man immer wieder Situationen, in denen deutlich wird, daß die Schweigepflicht nicht oder nur unvollständig eingehalten wurde. Daher muß sie an dieser Stelle in ihrer Bedeutung für sexuell mißbrauchte Frauen besonders betont werden.

Zu Beginn der Behandlung schämt sich die Frau in der Regel dessen, was ihr widerfahren ist. Es fällt ihr schwer, überhaupt darüber zu sprechen. Sie hat noch keine Klarheit darüber, ob der Täter der Schuldige ist oder sie. Die Frau benötigt einen sicheren Raum, in dem sie lernen kann, ihre Erlebnisse mitzuteilen, ohne Angst haben zu müssen, daß andere davon erfahren, die es für ihr Empfinden nicht wissen sollen.

Als Opfer massiver Gewalthandlungen wurden ihre körperlichen, seelischen und sexuellen Grenzen überschritten, und sie konnte nicht mehr über sich selbst entscheiden. Und nun ist es wichtig, daß die Frau alle Entscheidungen bewußt und deutlich in ihrem eigenen Interesse zu treffen lernt. Dazu gehört auch die Entscheidung, mit wem und wann sie über ihre Erlebnisse sprechen möchte.

Die Therapeutin muß ihr dabei jeglichen Spielraum lassen und über das schweigen, was sie hört. Dies mag in manchen Situationen sehr schwer und belastend für die Therapeutin sein, beispielsweise dann, wenn sie davon ausgehen muß, daß der betreffende Täter weiter unerkannt ist und mit großer Wahrscheinlichkeit andere Kinder mißbraucht, möglicherweise nun die Generation der Enkelkinder. Es mag der Therapeutin auch schwerfallen, ihre Gefühle zu ertragen, daß der Täter unerkannt lebt, obwohl die Gewaltsituationen nach dem gängigen Recht noch nicht verjährt sind. Oft würde sie den Täter am liebsten selbst anzeigen und alle weiteren möglichen Opfer dadurch vor ihm schützen. Die Therapeutin muß mit ihren Aggressionen und eventuell den für die Klientin stellvertretenden Rachewünschen zurechtkommen und schweigen.

Eine weitere wichtige Voraussetzung liegt in der Freiwilligkeit der Frau, eine Therapie zu beginnen. In den Gewaltsituationen gab es keinerlei Entscheidungsfreiheit. Druck oder Zwang – selbst zu Dingen, von denen die Therapeutin fest überzeugt ist, daß sie der Frau gut tun würden – würden die alten Gewaltsituationen innerhalb der Therapie wiederholen. Die Arbeit mit der Frau kann und darf nur in der Form von Vorschlägen und Anregungen erfolgen; Entscheidungen müssen von der Frau freiwillig und eigenständig getroffen werden.

Das darf nun nicht bedeuten, daß die Therapeutin die Hände in den Schoß legen und die Frau allein arbeiten lassen sollte. Es ist die Aufgabe der Therapeutin, der Frau Wege der Bearbeitung aufzuzeigen und diese gemeinsam mit ihr zu beschreiten. Sie sollte die Frau auch motivieren und zu neuen Schritten ermutigen, was ein wichtiger Faktor in der Therapie sein kann, weil die Frau infolge der erlebten Gewalt oft hilflos, ohnmächtig und resigniert ist und von sich aus schwer aktiv sein kann. Motivation und Aktivität auf Seiten der Therapeutin können ein wesentlicher Bestandteil der Therapie sein. Wichtig ist nur, daß die Entscheidung für jeden Schritt letztlich bei der Frau liegen muß.

Um all die genannten Voraussetzungen erfüllen zu können, muß die Therapeutin Situationen, Gefühle und Schwingungen bewußt und klar wahrnehmen können, um sich mit aller Sensibilität und allem Einfühlungsvermögen mit der Frau zu befassen.

Diese Sensibilität ist eine wichtige Voraussetzung dafür, zu spüren, wann die Frau bei ihren durchaus selbst getroffenen Entscheidungen ihre eigenen Grenzen nicht spürt und selbst unbemerkt überschreitet. Der Aufbau und der klare Umgang mit Grenzen ist eines der späteren Therapieziele und damit nicht von Anfang an bei der Frau gegeben.

Die Frau mag versuchen, der Therapeutin zu gefallen, um ihre Angst vor der Therapie und vor der Nähe mit der Therapeutin zu reduzieren. Sie mag ihre Entscheidungen an den vermuteten Wünschen der Therapeutin orientieren. Ein zu schnell gesagtes ja oder eine allzu große Bereitwilligkeit einer Frau sollte die Therapeutin aufhorchen und nachfühlen lassen, wieweit die Frau wirklich hinter ihren Entscheidungen zu stehen schon in der Lage ist. Die Therapeutin kann dieses Thema offen mit der Frau ansprechen, wenn sie sich unsicher ist, wieweit diese schon hinter ihren bejahenden Entscheidungen stehen kann.

Die oben geschilderten problematischen Voraussetzungen könnten die Therapeutin dazu veranlassen, lieber die Hände in den Schoß zu legen oder ganz von der Arbeit mit sexuell mißbrauchten Frauen abzusehen. Diese Entscheidung wäre jedoch nicht sinnvoll. Es ist wichtig, die Balance zu finden zwischen den genannten Voraussetzungen und einem klaren Gefühl dafür, was zu welchem Zeitpunkt wichtig und richtig ist. Alle genannten Voraussetzungen sind im Grunde auch Bedingungen für therapeutische Arbeit überhaupt. Und im übrigen – jede Therapeutin ist ebenso lernfähig wie die Frau mit sexuellen Gewalterlebnissen und wird aus ihren Erfahrungen in ihrer praktischen Arbeit lernen. Diese Chance muß sie sich selbst ebenso wie ihren Klientinnen geben.

Die Mühe zahlt sich immer wieder aus. Denn wenn die sexuell mißbrauchte Frau erst entdeckt hat, daß es einen Weg zu einem positiven Leben gibt, den sie beschreiten kann und auf dem sie eine verläßliche Begleiterin gefunden hat, investiert sie in der Regel viel Engagement und Mut, aus dem Überleben heraus diesen Weg ins Leben zu finden.

Ich bin immer wieder fasziniert von der Fähigkeit dieser Frauen, trotz ihrer massiven Gewalterlebnisse aktiv und engagiert in der Therapie mitzuarbeiten und Schritte vorwärts zu gehen.

3. Der therapeutische Ansatz

Einzelbehandlung im Vergleich zu Selbsthilfe

In der Regel sind die durch sexuelle Gewalt entstandenen Probleme und Belastungen so schwerwiegend und vielschichtig, daß eine Einzeltherapie notwendig ist. Die Frau braucht viel Raum und Zeit für sich allein, um in Ruhe aufarbeiten zu können, was auf ihrer Seele lastet. Sie benötigt eine Therapeutin, der sie sich anvertrauen kann und die sie nicht mit jemandem anders teilen muß.

Um den großen Andrang von Frauen mit sexuellen Gewalterfahrungen bewältigen zu können, werden vielerorts Gruppen angeboten, oft mit einer Art Selbsthilfekonzept. Die Frauen bekommen vorübergehend fachliche Anleitung und sollen dann allein weiterarbeiten. Nach meiner Erfahrung ist dieses Selbsthilfekonzept nicht hilfreich.

Die grundlegende Idee von Selbsthilfe, die besonders von feministisch ausgerichteten Frauen entwickelt wurde, ist sicherlich positiv zu bewerten. Angestrebt wird damit, daß die Frau sich auf ihre eigenen vorhandenen Kräfte besinnt und sich dadurch selbst hilft. Sie soll sich davon befreien, sich ohnmächtig und als Opfer zu fühlen.

Die Erfahrung zeigt jedoch, daß die Frau nach Erlebnissen mit sexueller Gewalt nur sehr selten in der Lage ist, sich in dieser Weise selbst zu helfen. Die durch die sexuelle Gewalt entstandenen Probleme sind in der Regel massiv und wirken sich so stark auf die gesamte Persönlichkeit aus, daß es der Frau unglaublich schwer fällt, sich gezielt selbst zu helfen.

Sie benötigt eine Therapeutin, die sie zunächst einmal aktiv unterstützt und bei der sie Wege zur Bewältigung ihrer Erfahrungen kennenlernen kann. Nach einer weitgehenden therapeutischen Verarbeitung ist es dann durchaus sinnvoll für die Frau, auch an einer Gruppe mit anderen sexuell mißbrauchten Frauen teilzunehmen.

In einer solchen Gruppe kann sie dann die Erfahrung machen, nicht die einzige Frau mit einer solchen Lebensgeschichte zu sein. Sie kann ihre

Erlebnisse mit anderen Frauen teilen, die Frauen können sich gegenseitig helfen und unterstützen.

Nehmen an einer solchen Gruppe jedoch Frauen teil, die noch nichts oder sehr wenig von der erlebten sexuellen Gewalt verarbeitet haben, häufen sich die Probleme. Die Frauen brauchen jede für sich noch so viel Hilfe, daß sie nicht in der Lage sind, sich gegenseitig zu helfen.

Die in jeder Frau durch die erlebte Gewalt entstandenen Anspannungen und Aggressionen entladen sich schnell gegeneinander. Ein destruktiver Prozeß beginnt, an dem die Gruppe allmählich zerbricht.

Frauen können weiterhin mit der in einer solchen Gruppe entstehenden Nähe oft noch gar nicht umgehen und stoßen die anderen Frauen vor den Kopf, um Nähe zu vermeiden.

Der fehlende Abstand zu den eigenen Problemen führt dazu, daß die Probleme der anderen nicht klar und deutlich wahrgenommen werden können. Toleranz den anderen Frauen gegenüber ist oft noch nicht möglich, und die Frauen beginnen, sich gegenseitig zu zerfleischen. Dadurch entsteht in der Gruppe ein Gewaltprozeß, der die traumatischen Erlebnisse wiederholt statt sie zu heilen.

Die Frau muß also mit Hilfe einer Einzeltherapie im Regelfall erst einmal lernen, sich selbst und dann auch anderen helfen zu können, bevor eine Teilnahme an einer Gruppe hilfreich und konstruktiv für sie ist.

Ich habe in den vergangenen Jahren auch immer wieder erlebt, daß selbsternannte Gruppenleiter, auch Frauen, die für die jeweilige Problematik nicht oder nicht ausreichend qualifiziert waren, Selbsthilfegruppen für betroffene Frauen anbieten. Das Selbsthilfekonzept, das von seiner Entstehung her ein positiver Ansatz ist, wird dabei mißbraucht für das Interesse „fachfremder" Frauen, Geld zu verdienen oder die eigenen Probleme auszuagieren [2].

Immer wieder kamen Frauen aus solchen Gruppen zu mir, deren Leiterin Übungen aus Büchern anwendete und damit Probleme ansprach. Emotionale Prozesse wurden dadurch ins Rollen gebracht. Die Leiterin war dann jedoch nicht in der Lage, die aufgewühlten Reaktionen und Symptome angemessen therapeutisch aufzufangen und mit der Frau zu verarbeiten. So entstanden bei den Frauen Krisen, die unnötig waren.

Diese Vorgehensweisen solcher Leiterinnen sind auch insofern völlig verantwortungslos, als die Wartezeit auf Therapieplätze überall mehrere Monaten bis hin zu Jahren beträgt. Eine Frau in einer solcherart ausgelösten Krise kann in ihrer verzweifelten Situation nicht den für sie sofort notwendigen Therapieplatz bekommen, und eine Verschlimmerung der ohnehin schweren und quälenden Symptome über lange Zeiträume hinweg ist die Folge.

Auch die Informationen aus einem Buch wie diesem könnten nicht nur von Fachfrauen genutzt werden, sondern auch von diesen verantwortungslosen Frauen, die zum Zwecke des eigenen Geldverdienens Krisen betroffener Frauen skrupellos in Kauf nehmen. Ich habe lange überlegt, ob es richtig ist, so viele konkrete Informationen in einem Buch öffentlich zugänglich zu machen.

Ich habe mich entschieden, dieses zum Vorteil und zur Unterstützung verantwortlicher Therapeutinnen und zum Nutzen betroffener Frauen zu tun. Vielleicht können Frauen sich beim Lesen vieler Zusammenhänge selbst besser verstehen und akzeptieren lernen. Möglicherweise können Frauen anhand dieses Buches auch gezielter nach Therapeutinnen suchen, die ihnen fachgerecht und sinnvoll helfen können, weil sie nach der Lektüre des Buches etwas mehr darüber wissen, was ihnen speziell helfen würde. Vielleicht lernen Frauen dadurch auch verantwortliche Arbeit von unverantwortlicher Arbeit unterscheiden.

Ich möchte an dieser Stelle bewußt an das Verantwortungsbewußtsein von Leserinnen appellieren, die Informationen dieses Buches immer nur zum Nutzen betroffener Frauen zu verwenden und kein Risiko einzugehen, daß Frauen noch weitere negative Erfahrungen machen müssen. Die Frauen mußten durch den sexuellen Mißbrauch genug Gewalt ertragen.

Zu einer verantwortungsbewußten Arbeit gehört auch die realistische Einschätzung eigener Möglichkeiten und vor allem das Erkennen eigener Grenzen und deren Einhalten.

Parteilichkeit

Zu den Grundlagen der Einzeltherapie gehört, daß die Therapeutin absolut Partei für die Frau ergreift (Steinhage). Die Frau muß sich rückhaltlos angenommen fühlen. Sie muß spüren, daß ihr geglaubt wird und daß die Therapeutin sich für sie einsetzt. Die Frau hat in der Regel häufiger die Erfahrung gemacht, daß ihr nicht geglaubt wurde. Sie hat ein Mißtrauen entwickelt, das die Therapeutin oft erst mühsam abbauen muß, bis eine durch Vertrauen geprägte therapeutische Beziehung als Grundlage für die gemeinsame Arbeit entstanden ist. Die Therapeutin übernimmt damit zeitweilig die Rolle der „Mutter“, die sich für die „Tochter“ einsetzt, ihr glaubt und ihr hilft. In vielen Fällen hatte die Frau keine Möglichkeit, der eigenen Mutter vom sexuellen Mißbrauch zu berichten, weil der Täter ihr drohte. Oder die Mutter glaubte ihr nicht oder fühlte sich zu schwach, um sich für die Tochter einzusetzen und sie zu schützen.

Die Therapeutin darf sich daher in keiner Weise wie die Mutter und das gesamte ehemalige Umfeld der Frau verhalten. Sie darf nicht an den Worten der Frau zweifeln, auch wenn diese in manchen Fällen Erlebnisse berichten mag, die weit außerhalb des Vorstellungsvermögens der Therapeutin liegen. Das Vorstellungsvermögen von Tätern und ihre Phantasie, wie sie ihre Opfer quälen können, ist unvorstellbar groß und liegt mit hoher Wahrscheinlichkeit außerhalb des Vorstellungsbereiches der Therapeutin.

Die Therapeutin darf sich ebensowenig konkret mit dem Täter auseinandersetzen. Eine Situation, in der der Täter sich an die Therapeutin wendet, kann dann entstehen, wenn das sexuelle Gewalterlebnis rechtlich noch nicht verjährt ist und die Frau eine Strafanzeige stellt. Der Täter mag sich an die Therapeutin wenden, um über sie Einfluß auf die Frau zu bekommen. Solche Kontaktversuche gilt es abzulehnen.

Klärung von Grenzen

Ein wichtiges Thema zu Beginn einer Einzeltherapie ist die Klärung von Grenzen innerhalb des Therapieraums und innerhalb des therapeutischen Kontaktes.

Dadurch, daß bei sexuellem Mißbrauch die körperlichen, emotionalen und sexuellen Grenzen der Frau gewaltsam überschritten wurden, kann sie kaum oder gar nicht die eigenen Grenzen erkennen und sie schon gar nicht verteidigen. Sie spürt oft nicht, wann ihre Grenzen erneut überschritten werden.

Deshalb ist es wichtig, das Thema von Grenzen mit der Frau gezielt anzusprechen und individuelle Grenzen gemeinsam mit ihr festzulegen.

Es kann notwendig sein, der Frau die ausdrückliche Erlaubnis dafür zu geben, immer selbst letztendlich Entscheidungen im Verlauf der Therapie treffen und vor allen Dingen jederzeit „nein" sagen zu dürfen. Sie soll die Freiheit spüren, daß niemand ihr Vorschriften machen oder sich ihr gegenüber gewaltsam verhalten wird.

Insbesondere bei der Arbeit mit körperorientierten Therapiemethoden ist die Festlegung von Grenzen von grundlegender Bedeutung. Viele Frauen haben Angst vor jeder Art von Berührung oder möchten überhaupt nicht berührt werden. Diese Entscheidung muß die Therapeutin akzeptieren und auf Therapietechniken ausweichen, die keine direkten körperlichen Berührungen erfordern.

Es kann sinnvoll sein, einen regelrechten Vertrag aufzusetzen und zu unterschreiben, der genaue Grenzen für die therapeutische Arbeit, unter anderem auch für Berührungen festlegt. Berührungen können darin völlig ausgeschlossen werden oder für den Therapieraum ausgeklammert sein, so daß Berührungen wie ein Händedruck zur Begrüßung und zum Abschied außerhalb des Therapieraums möglich bleiben, wenn die Frau dies wünscht. Oder es wird festgelegt, daß die Therapeutin vor jeder möglichen Berührung zunächst fragt, ob die Frau berührt werden möchte oder nicht. Die Frau kann im Einzelfall immer wieder erneut entscheiden, ob sie eine Berührung akzeptieren möchte.

Manchmal kann eine Frau ihre Grenzen nicht festlegen, weiß nicht, wo und wann sie ihre Grenzen wahren müßte. Weil ihre Grenzen so massiv verletzt und überschritten wurden, hat sie keine klaren Grenzen aufbauen können oder jede vorher bestehende Grenze durch den Übergriff verloren.

Manche Frauen erlauben der Therapeutin, zu tun, was diese für richtig hält und begeben sich damit völlig in deren Hand. Wie sie gelernt haben, sich dem Täter wehrlos ausliefern zu müssen, weil dieser ihnen keine Wahl ließ, so liefern sie sich nun wie selbstverständlich der Therapeutin aus.

Wenn eine sexuell mißbrauchte Frau der Therapeutin sofort alle Entscheidungen über Grenzen überlassen will, muß diese aufhorchen und der Frau ihre Vermutung mitteilen, daß sie möglicherweise nicht so recht sagen kann, welche Grenzen sie sich wünscht. In einer solchen Situation kann die Therapeutin der Frau konkrete und unterschiedliche Vorschläge für mögliche Grenzen machen. Auf diese Weise lernt die Frau allmählich zu spüren, welche Grenzziehung ihr ausreichend Sicherheit geben würde.

Therapieraum

Der Therapieraum muß für die Arbeit an sexueller Gewalt ein sicherer Ort sein. Die Frau benötigt nicht nur eine verläßliche Therapeutin und eine vertrauensvolle Atmosphäre für die Bearbeitung ihrer Gewalterfahrungen, sondern auch einen sicheren Raum.

Während der Therapiesitzung sollte der Raum nicht von einer anderen Person betreten werden. Auch das Telefon sollte die Sicherheit und Ruhe des Raumes nicht stören. Die Frau braucht das Gefühl, in diesen Raum hineinzugehen, die Tür hinter sich schließen zu können und von dem Zeitpunkt an selbst über den Raum zu bestimmen. Die Grenzen des Raums sollten in den Händen der Frau liegen, und die Tür sollte erst dann wieder geöffnet werden, wenn die Frau den Raum nach dem Ende der Sitzung verläßt.

Hat sie zwischenzeitlich das Bedürfnis, aus dem Raum zu gehen, weil sie mehr Bewegungsspielraum benötigt, oder möchte sie die Tür geöffnet lassen, um einen Fluchtweg zu haben, so sollte die Therapeutin ihr diese

Wünsche erfüllen, soweit dieses aus praktischen Erwägungen und im Rahmen der räumlichen Bedingungen möglich ist.

Türen und Fenster haben für die Frau in der Regel eine besondere Bedeutung. Die Tür kann gefährlich sein, wenn der Täter durch die Tür kam oder den Fluchtweg durch die Tür versperrte. Ebenso kann die Tür den möglichen Fluchtweg darstellen.

Dasselbe kann für Fenster gelten. Die Fenster können schon allein deshalb eine positive Bedeutung haben, weil Licht durch sie in den Raum fällt und die Frau das Licht als angenehm empfindet.

Bei der körpertherapeutischen Arbeit im Liegen auf einer Matte wählt die Frau individuell ihre Lage aus – ob sie mit dem Blick zur Tür aus Sicherheitsgründen oder mit dem Blick zum Fenster liegen möchte, um Sicherheit aus dem Licht zu gewinnen. Sexueller Mißbrauch findet oft nachts und im Dunkeln statt, und allein die Tatsache, sich im Licht zu befinden, kann der Frau ein Gefühl von Sicherheit geben.

Informationen

Ein wichtiger Bestandteil der Arbeit mit sexuell mißbrauchten Frauen ist es, einleitend allgemeine Informationen zum Problem des sexuellen Mißbrauchs zu geben. Dieser Teil wird von vielen Therapiemethoden bezweifelt oder abgelehnt als Eingriff in die Entscheidungsfreiheit der Frau. Das Ziel soll nach Ansicht solcher Methoden die Stärkung der Selbsthilfemöglichkeiten der Frau sein, und alle Schritte sollen von ihr selbst erarbeitet werden.

Zu einer solchen eigenständigen Erarbeitung ihrer Probleme sind Frauen mit sexuellen Gewalterfahrungen jedoch in der Regel nicht in der Lage. Sie sind sehr mit Schuld- und Schamgefühlen belastet und haben das Gefühl, schlecht zu sein und sich dessen schämen zu müssen. Eine realitätsangemessene Darstellung durch die Therapeutin kann von großer Bedeutung für die Frau sein. Durch Informationen darüber, wer die Verantwortung für sexuelle Gewalthandlungen trägt – nämlich der Täter – fühlt die Frau sich entlastet und erleichtert. Durch ein klares Erkennen der Zusammenhänge von Mißbrauchssituationen und deren Ablauf kann die Frau eher ihre eigenen Reaktionen und Folgeerscheinungen zuordnen und verstehen.

Frauen mit sexuellen Gewalterfahrungen sprechen in den seltensten Fällen mit anderen Personen darüber und kennen oft keine andere Perspektive zu den Erlebnissen als die eigene, die zusätzlich noch von abwertenden Äußerungen des Täters geprägt sein kann.

Nur wenige Frauen haben Literatur zum Thema des sexuellen Mißbrauchs gelesen und sich damit zumindest einen theoretischen Überblick verschafft.

So mag die Frau beispielsweise immer noch eine schützende Haltung der Mutter gegenüber einnehmen. Sie sucht und findet Erklärungen, warum diese ihr nicht geholfen hat, obwohl sie vom Mißbrauch wußte. Sie benötigt dann die Unterstützung der Therapeutin, um zu überprüfen, wieweit die Mutter tatsächlich etwas wußte. Falls dieses zutrifft, muß die Frau lernen, daß eine Mutter jederzeit die Verantwortung für ihre Kinder übernehmen und sie schützen muß. Tut sie dieses nicht – aus welchem Grunde auch immer, Unfähigkeit eingeschlossen – wird sie ihrer Verantwortung als Mutter und damit als erwachsener Person nicht gerecht. Die Frau muß akzeptieren, daß ihre Mutter diese Verantwortung hatte, aber versagt hat.

Die Frau muß insgesamt lernen, Verantwortung angemessen zuzuteilen und zu sehen, wer in welcher Situation die Verantwortung wofür zu tragen hatte. Dazu gehört zum heutigen Zeitpunkt, als nun erwachsene Frau die Verantwortung für ihren eigenen Heilungsprozeß bewußt zu übernehmen und sich nun nicht mehr auf die Verantwortlichkeiten anderer Personen zurückzuziehen. Verursacht hat sie ihre Probleme selbst nicht, aber die Arbeit für die Heilung wird ihr im Erwachsenenalter niemand abnehmen können.

Oder die Frau hat Schwierigkeiten, überhaupt über den Mißbrauch zu sprechen und benötigt die Information der Therapeutin, daß das Schweigegebot des Täters nicht mehr gilt. Sie kann sprechen, ohne zum gegebenen Zeitpunkt noch eine Bedrohung durch ihn befürchten zu müssen.

Damit die Frau ein besseres Verständnis von den Zusammenhängen in der Familie bekommt, kann die Therapeutin mit ihr gemeinsam eine Analyse erarbeiten. Diese Analyse deckt die Strukturen der Familie auf, die den Mißbrauch leichter möglich machten und ihn unbemerkt oder unaufgedeckt bleiben ließen.

Oder die Frau glaubt, das einzig mißbrauchte Kind der Familie zu sein und stellt bei genauerem Hinsehen mit der Therapeutin fest, daß auch bei anderen Geschwistern Folgeerscheinungen von sexuellem Mißbrauch erkennbar sind.

Um sich selbst wirklich verstehen und eigene Reaktionen nachfühlen zu können, benötigt die Frau einen klaren Einblick in Zusammenhänge und Situationsabläufe. Dazu benötigt sie häufig den Informationsvorsprung der Therapeutin.

Eine Aufgabe der Therapeutin kann im Verlauf dieses Klärungsprozesses auch sein, die Frau zu rehabilitieren und ihr zu verdeutlichen, daß sie mit allen einem Kind zur Verfügung stehenden Mitteln durchaus versucht hat, auf den stattfindenden Mißbrauch aufmerksam zu machen – was jedes Mädchen tut, sei es durch auffälliges oder besonders zurückgezogenes Verhalten, durch Eßstörungen, Diebstähle, körperliche Reaktionen oder andere Symptome, die für sexuellen Mißbrauch typisch sind. Wäre das Umfeld im Erkennen dieser Signale geschult und demgegenüber aufmerksam gewesen, hätte der Mißbrauch entdeckt und beendet werden können. Das Mädchen hätte Hilfe bekommen.

Vielleicht hat die Frau sich jemandem anvertraut, der ihr nicht geglaubt und auch nichts zu ihrer Hilfe unternommen hat. Dann ist es wichtig, daß sie sieht, daß es nicht grundlegend falsch war, darüber zu sprechen und daß sie nicht unglaubwürdig ist. Sie kann erkennen, daß die Person, der sie sich anvertraut hat, sich nicht mit dieser Thematik auseinandersetzen wollte oder konnte. Entweder war diese Person unwissend, unfähig oder hatte zuviel Angst, um ihr zu helfen.

Möglicherweise ist die Frau sich nicht einmal bewußt, daß sexueller Mißbrauch an ihr verübt wurde und glaubt, daß sexueller Mißbrauch identisch mit Geschlechtsverkehr sei. Sie kann sich nicht erklären, daß sie mit schweren Folgeerscheinungen reagiert, obwohl sie „nur“ fotografiert wurde oder einer diffusen sexualisierten Atmosphäre ausgesetzt war, ohne je berührt zu werden. In dieser Situation benötigt sie eine klare Definition sexueller Gewalt und die Information darüber, daß sie sexuell mißbraucht wurde, um sich selbst und ihre Reaktionsweisen überhaupt verstehen zu können.

Die Frau an die Hand nehmen

Die Frau braucht einerseits jeglichen Spielraum für eigene Grenzen und Entscheidungen, andererseits benötigt sie eine Therapeutin, die sie an die Hand nehmen und mit ihr den steinigen Weg durch die belastenden Erlebnisse gehen kann, die mit ihr gemeinsam nach neuen Wegen sucht und sie ermutigt, diese Wege auch zu gehen.

Die Frau wurde durch die erlebte Gewalt eingeschüchtert und entmutigt. Sie kann es sich oft nicht vorstellen, daß es einen Weg aus den grauenhaften Gefühlen geben könnte.

Besonders wenn der Mißbrauch schon sehr früh in ihrem Leben stattgefunden hat, ist das gesamte Erleben der Frau geprägt von Angst, Hilflosigkeit und Ohnmachtsgefühlen. Sie hat nicht gelernt, ihr Leben selbst in die Hand zu nehmen und mutig auf Situationen zuzugehen. Sie zögert und kennt oft keine Wege aus Problemsituationen hinaus.

Sie braucht eine Begleiterin, die keine Angst vor den dunklen Erlebnissen auf dem steinigen Weg hat, die die Frau sanft an die Hand nimmt und ihr Wege aufzeigt, jedoch ohne ihren Handlungsspielraum einzuschränken oder ihr die Entscheidungen abzunehmen.

Die Notwendigkeit, einmal aktiv zu sein und dann wiederum abwarten zu müssen, je nach Situation, erfordert bei der Therapeutin großes Einfühlungsvermögen. Sie muß immer wieder erneut prüfen, was in welchem Moment notwendig ist, damit die Frau Schritte auf ihrem Heilungsweg gehen kann.

Die Therapeutin hat für diese Entscheidungen jederzeit die Möglichkeit, die Frau zu fragen, was diese sich wünscht, ob sie an die Hand genommen werden möchte oder ob die Therapeutin warten soll, so daß die Frau selbst in Ruhe entscheiden kann.

4. Diagnostik

Für die Diagnose sexueller Gewalterfahrungen gibt es keine Testverfahren oder feststehenden Richtlinien.

Äußerst wichtig ist die Offenheit der Therapeutin dieser Thematik gegenüber. Ist sie offen dafür und hält es für möglich, daß jede bei ihr neu ankommende Frau auch von sexueller Gewalt betroffen sein könnte, wird sie in der Regel recht schnell herausfinden, ob dies der Fall ist oder nicht.

Die Frau spürt, ob die Therapeutin für jedes Thema offen ist oder ob sie bestimmten Themen ausweicht. Besonders die Frau mit sexuellen Gewalterfahrungen hat ein Gespür für ein solches Vermeidungsverhalten einer Therapeutin, weil es schon während ihrer Kindheit in ihrem Umfeld keine Offenheit für dieses Problem gab.

Die Offenheit für das Thema sexueller Gewalt kann die Therapeutin der Frau auch direkt signalisieren, indem sie bei der Erhebung der Lebensgeschichte direkt nach solchen Erfahrungen fragt. Damit macht sie der Frau deutlich, daß dieses Thema für sie existent ist und sie es so ernst nimmt, daß sie danach fragt.

Manchmal erinnert sich eine Frau bei der direkten Frage der Therapeutin plötzlich wieder an Gewalterlebnisse. Oder die Frau schildert Situationen und fragt die Therapeutin, ob es sich dabei um sexuellen Mißbrauch handelt, weil sie nicht weiß, wie sexueller Mißbrauch definiert wird. Meistens handelt es sich dann tatsächlich um sexuellen Mißbrauch. Die Frau erinnert sich an diese Erlebnisse und erwähnt sie bei der Frage der Therapeutin, weil sie es selbst diffus als sexuellen Mißbrauch wahrgenommen hatte. Sie ist sich nur unsicher, da unter sexuellem Mißbrauch häufig immer noch Geschlechtsverkehr verstanden wird.

Gelegentlich beantwortet eine Frau die Frage nach sexuellen Gewalterfahrungen mit einem unsicheren nein. Das nein klingt nicht klar und deutlich, es klingt etwas an, ohne daß dieses der Frau bewußt ist. Die Therapeutin sollte in diesem Moment nicht näher darauf eingehen, dieses nein aber in Erinnerung behalten und offen dafür bleiben, daß eventuell doch ein sexueller Mißbrauch stattgefunden haben könnte. Die Frau könnte ihn verdrängt haben oder sich nicht mehr daran erinnern, weil er so früh in ihrem Leben verübt wurde, daß keine bewußte Erinnerung möglich ist. Das etwas unklare nein der Frau läßt möglicherweise ein Gefühl mitklingen, da sie sich diffus an Erlebnisse erinnert.

Eine weitere Möglichkeit, sexuelle Gewalterlebnisse zu diagnostizieren, besteht darin, auf Folgeerscheinungen sexuellen Mißbrauchs zu achten. Sind viele Folgeerscheinungen gleichzeitig bei der Frau erkennbar, so ist es zumindest sinnvoll, nach möglichen Erinnerungen an sexuellen Mißbrauch zu fahnden, z. B. auf Bilder in den Träumen der Frau, auf diffuse Angstinhalte und ähnliches zu achten, womit die Therapeutin gezielter arbeiten und ihren Verdacht mit der Frau überprüfen kann.

Denkt die Therapeutin immer auch an die Möglichkeit sexuellen Mißbrauchs wie an andere Ursachen bei psychischen Problemen und Störungen, bleibt sie in jeder Therapiestunde offen dafür, bei der Suche nach auslösenden Situationen von Symptomen auch sexuellen Mißbrauch zu finden und diesen dann mit der Frau zu bearbeiten.

Um sexuellen Mißbrauch in der Kindheit zu diagnostizieren beziehungsweise zunächst einmal die Grundlagen für einen Verdacht zu erarbeiten, kann die Therapeutin die Symptomliste für Kinder (s. S. 34) allein oder gemeinsam mit der Frau daraufhin ansehen, inwieweit schon in der Kindheit zahlreiche Symptome gegeben waren.

Dabei können auch die damals im Umfeld des Mädchens lebenden Männer auf eine mögliche Täterstruktur hin beleuchtet werden.

Wesentliche Elemente einer Täterstruktur bestehen in fehlenden emotionalen, körperlichen und sexuellen Grenzen anderen gegenüber. Wenn ein Mann die körperlichen Grenzen anderer nicht respektiert, schnell schlägt oder sich prügelt, besteht auch das Risiko, daß er körperliche Grenzen Kindern gegenüber überschreitet. Wenn ein Mann die psychischen Grenzen anderer nicht respektiert, andere mit Zynismus, Ironie oder überhaupt verletzenden verbalen Äußerungen gern quält, wenn er die Schuld generell bei anderen sucht und keine eigenen Fehler erkennen und einsehen kann, wenn er nicht unterscheiden kann, wer wann und wofür die Verantwortung zu tragen hat, dann wird er sicherlich auch die psychischen Grenzen von Kindern nicht erkennen und sie überschreiten. Wenn ein Mann generell in seinem sexuellen Verhalten promiskuitiv [5] ist, viele sexuelle Beziehungen unterhält und bei Problemen mit seiner Partnerin diese nicht mit ihr löst, sondern sich anderen Frauen zuwendet, wird er auch die sexuellen Grenzen von Kindern eher überschreiten als ein Mann mit klaren eigenen Grenzen. Wenn ein Mann generell seine Spannungen an anderen abreagiert statt angemessene Lösungen für seine Probleme zu suchen, wenn er gewaltsam anderen gegenüber ist, gern seine Macht ausspielt und anderen gegenüber benutzt, so ist dieses Verhalten ebenfalls ein Element einer Täterstruktur.

Je mehr dieser genannten Elemente bei einem Mann vorhanden sind, desto mehr Anteile einer Täterstruktur besitzt er.

Die genannten Strukturen sind Teile der männlichen Identität überhaupt. Männer sehen häufig kein Problem darin, eigene Schwierigkeiten an anderen abzureagieren, statt angemessene Lösungen dafür zu suchen. Sie sehen den Lebensinhalt einer Frau darin, die Befürfnisse von Männern zu befriedigen. Dieses bedeutet nicht, daß alle Männer Täter sind, aber die Wurzeln des männlichen Selbstverständnisses und einer Täterstruktur sind dieselben (Godenzi). Angriffe auf Frauen werden gesellschaftlich immer noch als „Kavaliersdelikte" mit Nachsicht behandelt. Es ist nach wie vor ein Bestandteil der Sozialisation von Jungen, Mädchen abwertend zu behandeln. Damit wird bereits ein Grundstein für ein späteres Benutzen von Frauen oder Mädchen für eigene Bedürfnisse gelegt. Jungen sehen häufig schon am Verhalten ihrer Väter den Müttern gegenüber, daß Frauen als weniger wertvoll betrachtet werden. Weiterhin vermittelt der gesamte Bereich der Pornographie, daß Frauen für eigene Interessen benutzt und auch gewaltsam behandelt werden dürfen. In pronographischen Darstellungen wird zusätzlich suggeriert, daß Frauen eine solche Behandlung wollen. Durch diese und zahlreiche andere Faktoren lernt ein Mann frühzeitig, Frauen oder Mädchen nicht als Menschen, sondern als Objekte eigener Bedürfnisbefriedigung anzusehen (Godenzi).

Die Entscheidung, ob die Therapeutin diese diagnostischen Überlegungen allein oder mit der Frau gemeinsam anstellen will, ist abhängig von der Befindlichkeit der Frau.

Äußert die Frau selbst einen Verdacht, sie könnte sexuellen Mißbrauch erlebt haben, kann die Therapeutin sie fragen, ob sie mit ihr gemeinsam diesen Verdacht diagnostisch überprüfen will.

Ist der Verdacht nur eine Überlegung der Therapeutin und hat die Frau von sich aus überhaupt keinen Zugang zu diesem Thema, sollte die Therapeutin für sich allein diesen Verdacht diagnostisch ansehen. Erst wenn das Thema des sexuellen Mißbrauchs für die Frau „reif" ist, sie selbst darauf kommt oder sich deutliche Bilder dafür zeigen, sollte die Therapeutin mit ihr daran arbeiten und sie genauer darüber informieren.

Wenn nur die Therapeutin den Verdacht auf sexuelle Gewalterlebnisse hat, kann es notwendig sein, andere Themen mit der Frau zu bearbeiten, die zunächst weniger bedrohlich sind, um dann irgendwann von allein zu diesem Thema zu gelangen. Die Psyche der Frau ist so „klug", Themen zur Bearbeitung in einer Reihenfolge „freizugeben", die die Frau emotional verkraften und verarbeiten kann. Sobald der therapeutische Prozeß in Gang gekommen ist, tauchen mit der Zeit Stück für Stück alle Themen ganz von allein an der Oberfläche auf, die die Frau belasten, und in dieser Reihenfolge können sie dann bearbeitet und verarbeitet werden. Beim Beachten dieser Reihenfolge, die die Psyche der Frau unbewußt selbst bestimmt, arbeitet ein harmonischer Heilungsprozeß, und Krisen werden weitgehend vermieden. Krisen können eher dann auftreten, wenn von außen Themen offengelegt werden, bevor die Frau bereit ist, sich damit auseinanderzusetzen. Dieser Mechanismus gilt für alle Probleme und somit auch für den sexuellen Mißbrauch.

Spricht die Therapeutin das Thema des sexuellen Mißbrauchs an, bevor die Frau dazu bereit ist, wird sie diesen Verdacht wahrscheinlich abwehren. In der Folge davon kann es dazu kommen, daß sie entsprechende Erinnerungen noch weiter verdrängt als dieses ohnehin schon der Fall ist.

Diagnostische Arbeit mit einer Symptomliste

Eine Symptomliste wird zur Diagnostik sexueller Gewalterfahrungen bei Kindern herangezogen. Die dargestellten Symptome können verschiedenartige Ursachen in der Kindheit haben, können aber unter anderem auch auf sexuelle Mißbrauchserfahrungen hinweisen. Zeigen sich bei einem Kind mindestens sechs der dargestellten Symptome, kann ein Verdacht auf sexuellen Mißbrauch als berechtigt angesehen werden. Eine genauere diagnostische Untersuchung des Kindes ist dann erforderlich.

Die Frau kann sich gemeinsam mit der Therapeutin diese Symptomliste für Kinder ansehen und ihr eigenes Verhalten im Kindesalter rückblickend bewerten. Findet sie bei sich selbst sechs oder mehr der Symptome bereits im Kindesalter, kann sie den Verdacht auf eigene sexuelle Gewalterfahrungen als begründet betrachten. Diese Vorgehensweise kann für Frauen hilfreich sein, die an ihren eigenen Erinnerungen zweifeln oder die Erlebnisse soweit verdrängt haben, daß sie nur ein diffuses Gefühl haben, sie könnten sexuell mißbraucht worden sein. Durch die Feststellung von Symptomen fühlt sich eine zweifelnde Frau bestärkt und unterstützt, intensiver nach konkreten Erinnerungen zu suchen oder ihren Gefühlen mehr zu vertrauen.

Symptomliste für Kinder (nach Grethe Bruun, Dänemark)

- Selbstverstümmelung
- Zerstören von Kleidung
- sexuell ausagierendes Verhalten

- Verbergen der sexuellen Identität
- vernachlässigtes Hygieneverhalten
- übertriebenes Hygieneverhalten
- Bauchschmerzen
- unerklärliche Unterleibsschmerzen
- Verdauungsschwierigkeiten
- Vaginaschmerzen
- Einnässen
- Einkoten
- Erstickungsängste
- Halsinfektionen (oraler Mißbrauch)
- Eßstörungen (merkwürdige Dinge essen, auf merkwürdige Weise essen, Eßsucht, Eß-Brech-Sucht, Magersucht)
- Hautreaktionen

Symptome bis zum Alter von 8 Jahren

- erhöhte Schmerzgrenze
- offene Masturbation [6]
- Regression [7] in erhöhter Weise
- Albträume
- Zurückweisung eines Elternteils und Symbiose [8] mit einem anderen, Symbiose durchaus auch mit dem Täter
- Wissen über Sexualität oberhalb des Alterswissens
- diffuse Angst, z. B. im Dunkeln
- Isolation
- plötzliche Verhaltensänderung

Symptome ab 8 Jahren

- Suiziddrohungen, Suizidversuche [9]
- Schlafstörungen
- Angst, ins Bett zu gehen
- Albträume
- Regressionen [7]
- Probleme mit der sexuellen Identität
- Schul- und Konzentrationsprobleme
- Weglaufen, Erzählen, daß es geschlagen wird oder zuwenig Taschengeld bekommt o. ä.
- enge Beziehung zu einem Elternteil oder keine Beziehung zu beiden
- Depressionen

- Experimentieren mit Drogen, Narkotika, Alkohol
- plötzliche Verhaltensänderung
- Diebstahl

Es ist sinnvoll, trotz der Altersunterscheidung immer alle Symptome abzufragen.

Klare Signale für sexuellen Mißbrauch, die im Gegensatz zu den obengenannten Symptomen keine andere Ursache als sexuellen Mißbrauch haben können, sind:
- offene Masturbation, die trotz Intervention [10] nicht beendet wird
- selbst ein anderes Kind sexuell mißbrauchen. (Sgroi, Bunk & Wabrek)
- sexualisiertes Verhalten (Steinhage)

Findet die Frau gemeinsam mit der Therapeutin eine der genannten drei Verhaltensweisen rückblickend auf ihre Kindheit, kann sie sicher sein, sexuell mißbraucht worden zu sein.

5. Körperorientierte Psychotherapie

In diesem Kapitel wird weiterhin von der „Frau“ und ihrer „Therapeutin“ gesprochen, obwohl die Methode der körperorientierten Psychotherapie gleichermaßen von männlichen und weiblichen Therapeuten an weiblichen und männlichen Klienten angewendet wird. Bei allgemeinen Darstellungen wird gelegentlich auch die Rede sein von „den Klienten“ und „den Therapeuten“ im allgemeinen Sinne, Frauen und Männer einbezogen.

Da es in diesem Buch jedoch um den Einsatz der körperorientierten Psychotherapie bei der Verarbeitung von sexuellen Gewalterlebnissen von Frauen geht, soll auch die Methode hauptsächlich in der Anwendung bei Frauen beschrieben werden.

Die Methode der körperorientierten Psychotherapie basiert auf der Vegetotherapie, die von Wilhelm Reich entwickelt wurde [13] (Reich, 1969 und 1973).

Reich ging von einer Einheit von Körper und Seele und damit davon aus, daß sich psychische Probleme auch im Körper niederschlagen und umgekehrt körperliche Probleme in der Psyche des Menschen. Reichs Methode wurde weiterentwickelt zunächst von Alexander Lowen. (Lowen, 1982 und 1987) Inzwischen gibt es zahlreiche körpertherapeutische Schulen und Methoden mit unterschiedlichen theoretischen Konzepten, z. B. Gerda Boyesens Schule der Biodynamik oder die Biosynthese von David Boadella. Einen Überblick über die Biosynthese vermittelt Boadella (1991). Die Annahme der Einheit von Körper und Seele ist jedoch allen Schulen gemeinsam.

Probleme der wissenschaftlichen Anerkennung der Methode

Die körperorientierte Psychotherapie ist bislang wissenschaftlich nicht anerkannt. Die Ursachen hierfür sind sicherlich verschiedenartig.

Eine Rolle mag spielen, daß Reich, ein Schüler Siegmund Freuds, sich mit seiner Methode von der gängigen Psychoanalyse distanzierte. Die Psychoanalyse arbeitet auf der verbalen Ebene und bezieht den Körper nicht ein. Die körperorientierte Psychotherapie ist eine tiefenpsychologisch fundierte Methode und enthält in ihren theoretischen Konzeptionen wesentliche Elemente der Psychoanalyse. Die praktische Arbeit unterscheidet sich jedoch wesentlich von der der Psychoanalyse, was im folgenden noch deutlich werden wird.

In der Zeit, als Reich lebte und arbeitete, war die Körperfeindlichkeit, die Angst vor Berührungen und das Tabu um Körperlichkeit noch wesentlich stärker als heute. Allein die Angst vor der eigenen Körperlichkeit ließ viele damalige Psychoanalytiker eine körperorientierte Methode ablehnen. Damit geriet Reich allmählich ins Abseits.

Ein weiterer Grund für die Loslösung Reichs vom Verband der Psychoanalytiker war seine politische Einstellung. Er distanzierte sich vom Nationalsozialismus, wohingegen die Psychoanalytiker, so auch Freud, sich zunehmend mit der politischen Situation im Dritten Reich arrangierten.

Reich erzielte große Erfolge mit seiner Methode, auch in der Arbeit mit Krebspatienten. Für eine ausführlichere Analyse dieser Faktoren sei auf Boadella (1980) verwiesen.

So effektiv wie Reich mit der Vegetotherapie [12] arbeitete, so erfolgreich ist auch jede andere Methode der körperorientierten Psychotherapie. Aufgrund des umfassenden Konzepts, das alle Bereiche des Menschen mit einschließt, ist es therapeutisch möglich, auf allen menschlichen Ebenen praktisch zu arbeiten. Wenn die Therapeutin in einem dieser Bereiche nicht weiterkommt, kann sie sich einer anderen Ebene zuwenden und weitere wichtige therapeutische Schritte anregen.

Unsere westliche Kultur ist stark auf den Intellekt des Menschen konzentriert. Mit dem Kopf sind wir in der Lage, vieles zu verstehen und haben die Ursachen mancher Probleme auch durchaus erkannt. Eine Umsetzung solcher Erkenntnisse in Handlungen ist dennoch oft nicht möglich. Eine Veränderung im Handeln erfordert die Einbeziehung von Körper und Gefühl, die Frau muß im Ganzen spüren, warum sie ein Problem hat und wie sie sich verändern kann. Um der Frau zu helfen, theoretische Erkenntnisse auch in Handlungen umzusetzen, muß die Therapeutin die Ebenen des Gefühls und des Körpers in ihre Arbeit einbeziehen.

Weiterhin sind wir in der Regel sehr klug darin, unangenehme Inhalte mit dem Verstand abzuwehren. Auf der körperlichen Ebene haben wir meistens keine solchen starken Abwehrmechanismen entwickelt, und der Körper ist auf dem Wege der Heilung oft wesentlich kooperativer und gibt mehr Informationen preis als der Verstand dies tut.

Die körperorientierte Methode ist besonders deshalb effektiv, weil sie den Körper in die therapeutische Arbeit einbezieht und die Kooperation des Körpers auf dem Wege zu einer Heilung sinnvoll ausnutzt.

Auch für eine Diagnostik schwieriger Zusammenhänge ist die Körperorientierte Psychotherapie brauchbarer als rein verbale Methoden. Informationen, die nur noch im Körper auffindbar sind, können verstanden und für eine Klärung des Zusammenhangs zwischen einer Störung und ihrer Ursache benutzt werden. Die Diagnostik sexueller Gewalterfahrungen ist schwierig; häufig finden sich die Informationen nur noch im Körper, da das Bewußtsein jede Erinnerung verdrängt hat. Diese Verdrängung entsteht bei traumatischen Übergriffen auf den Körper oftmals durch eine Trennung zwischen Kopf und Körper. Durch ein ausschließliches Ansprechen des „Kopfes“, des Intellekts, kann nach einer solchen Trennung kein Zugang zur Ursache des Problems gefunden werden.

Die Isolation Reichs von der Psychoanalyse führte auch zu einer Isolierung seiner Schüler und Nachfolger von den Psychanalytikern. Zum Teil geschah diese Nachfolge Reichs in die Isolation aus Stolz. Es entstand eine Art „Underground-Bewegung“ körperorientierter Methoden, die sich lange Zeit nicht um wissenschaftliche Nachweise bemühte.

Ein weiterer Faktor für noch unzureichende wissenschaftliche Belege scheint mir auch darin zu liegen, daß körperorientierte Psychotherapeuten in der Regel fasziniert sind von den Möglichkeiten ihrer Methode und lange Jahre eher praktisch als theoretisch arbeiteten. Die Literatur über körperorientierte Methoden ist im Verhältnis zu anderen Methoden noch nicht so umfangreich wie man es sich wünschen könnte. Aber die Auseinandersetzung mit Wissenschaftlichkeit nimmt immer weiter zu.

Zur Zeit bereitet Boadella im Zusammenhang mit seiner Bemühung um die offizielle Anerkennung der körperorientierten Psychotherapie in der Schweiz eine Zusammenstellung von Veröffentlichungen vor (noch unveröffentlicht). In dieser Zusammenstellung wird schon jetzt deutlich, daß es erheblich mehr wissenschaftliches Material zur körperorientierten Psychotherapie gibt als bislang angenommen.

In Bezug auf die Ansprüche, die die Wissenschaft an experimentelle Nachweise für die Wirksamkeit einer psychotherapeutischen Methode stellt, ist es weiterhin für einen praktizierenden Körperpsychotherapeuten schwer vorstellbar, während einer therapeutischen Sitzung experimentelle Bedingungen zu schaffen.

Während der therapeutischen Sitzung wird der Körper in einer Weise, die weiter unten noch näher erläutert werden soll, in die Arbeit einbezogen. Im Rahmen einer solchen Sitzung, in der der Körper mit Bewegungen und auch spontanen Reaktionen beteiligt ist, ist es kaum vorstellbar, die Klienten an Geräte anzuschließen, die den Nachweis für die körperlichen Reaktionen und Veränderungen durch die therapeutische Arbeit erbringen könnten wie beispielsweise die Messung von Hautwiderstand, Herzfrequenz, Puls, Muskeltonus, Körperwärme, Beweglichkeit und anderen Effekten, die von Klienten subjektiv wahrgenommen werden. Die Klienten hätten keinen spontanen Bewegungsspielraum mehr und würden auch nicht mehr so reagieren können wie sie es in der normalen körpertherapeutischen Sitzung tun.

Somit wären Meßmethoden beschränkt auf subjektive Rückmeldungen der Klienten in Form von Befindlichkeitsskalen, Informationen über das Körperbefinden, z. B. entspannter Körperregionen nach einer Sitzung im Vergleich zu verspannten Körperregionen vor der Sitzung, bessere Beweglichkeit einbezogener Körperbereiche usw.

Doch auch subjektive Rückmeldungen wären schwer zu klassifizieren, da die körperorientierte Methode keinem starren oder vorgeplanten Schema folgt, sondern spontan mit den Inhalten arbeitet, die die Klienten anbieten und für wichtig halten. Körpertherapeuten arbeiten mit dem, was in den Klienten „reif" und bereit für eine Bearbeitung ist. Dazu kommt ein wenig starres Schema in Bezug auf strenge diagnostische Abgrenzungen klar definierter Störungsbilder voneinander, zumindest bei den neueren Schulen ist dies der Fall. Lowen bietet ein solches diagnostisches Schema in der Bioenergetik an, doch sind seine Charaktere viel zu starr und generalisiert. Neuere Richtungen etikettieren Klienten nicht gern mit rigiden Diagnosen, sondern die Klienten werden als Individuen mit ihren individuellen Überlebensstrategien gesehen. Diese Überlebensstrategien waren für die Klienten die einzige Form, die traumatische Situation zu überstehen und werden deshalb nicht gern nur als Störung angesehen.

Diese wenig starre Diagnostik körperorientierter Methoden macht es wiederum schwer, die Erfolge verschiedener therapeutischer Methoden bei ähnlichen Störungsbildern miteinander zu vergleichen.

Diese Erläuterungen beziehen sich auf die bislang weit verbreitete Auffassung von Wissenschaftlichkeit auch im Bereich der Psychologie, die sich auf eine enge naturwissenschaftliche Herangehensweise beschränkt. Komplexe und unbewußte körperliche und seelische Prozesse können mit einer solchen methodischen Herangehensweise unmöglich erfaßt werden. Menschen sind keine Wesen, die mechanisch und meßbar funktionieren.

Eine therapeutische Methode, die sich auf eine solch naturwissenschaftliche Weise nicht messen läßt, ist deshalb nicht uneffektiv. Die Effektivität wird in der praktischen Arbeit täglich deutlich vom Klienten und vom Therapeuten erfahren.

Die Schlußfolgerung aus den Meßproblemen muß also eher so lauten, daß es an der Zeit ist, wissenschaftliche Methoden zu entwickeln, die komplexe körperliche und seelische Prozesse erfassen können. Diese Aufgabe kann aber nicht nur den körperorientierten Psychotherapeuten gestellt werden, denn es dürften bei allen therapeutischen Veränderungsprozessen auch bei der Verwendung anderer Methoden ähnliche Probleme der Meßbarkeit nach den bisherigen wissenschaftlichen Kriterien auftreten.

Theoretische Grundlagen körperpsychotherapeutischer Arbeit

Das Konzept der Einheit von Körper und Seele beinhaltet, daß Situationen emotional erlebt und diese Gefühle von direkten Reaktionen des Körpers begleitet werden. Diese Annahme ist im Grunde eine Selbstverständlichkeit, soll aber mit Beispielen näher beleuchtet werden, um den praktischen therapeutischen Ansatz zu verdeutlichen.

Wenn sich beispielsweise jemand erschreckt, reagiert der ganze Körper, er zuckt zusammen, die Augen ziehen sich zusammen, die Schultern werden hoch- und der Kopf wird eingezogen. Dieses sind nur die äußerlich sichtbaren Reaktionen. Im Körperinneren geschehen weitere Prozesse: die Atmung wird angehalten, das Zwerchfell zusammengezogen, Adrenalin wird ausgeschüttet, das Herz schlägt schneller, Schweiß wird abgesondert. Die inneren organischen Prozesse dienen dazu, den Körper in der Bedrohungssituation bereit zu machen für ein Angriffs- oder Fluchtverhalten.

Reagiert die Frau, indem sie sich wehrt oder flieht und hat sie damit Erfolg, werden die dazu notwendigen Muskeln innerviert und zu Handlungen und Bewegungen benutzt. Hat die Frau sich erfolgreich gewehrt oder ist geflohen, beruhigt sich der Körper allmählich, und es tritt eine körperliche Entspannung ein. Auch das Gefühl der Angst läßt nach.

In einem anderen Beispiel ist die Frau traurig über etwas, das sie erlebt hat oder erlebt. Wiederum ist der ganze Körper mitbetroffen. Die Tränendrüsen produzieren Tränen, der Körper zuckt und bebt beim Schluchzen, viele Muskeln sind einbezogen, und die Atmung ist entsprechend dem Weinen ebenfalls verändert. Beruhigt die Frau sich allmählich emotional, dann wird auch der Körper langsam ruhiger, eine Entspannung tritt ein mit einer verbesserten Durchblutung und damit verbundener Körperwärme, und die Atmung normalisiert sich wieder.

Diese Beispiele gelten für Situationen, die einmal auftreten und positiv gelöst werden können. Wenn Situationen gelöst und die damit verbundenen Gefühle entsprechend und ausreichend zum Ausdruck gebracht werden können, entsteht kein Trauma.

Ein Trauma wird definiert als eine langfristige emotionale Belastung, die nicht gelöst und damit nicht verarbeitet wurde. Diese emotionale Belastung ist für die Frau entweder ständig spürbar oder wird nur dann empfunden, wenn ein aktuelles Ereignis eintritt, das sie an die nicht verarbeitete Situation erinnert.

Ein Trauma entsteht also dadurch, daß eine extrem belastende Situation nicht gelöst werden kann oder dadurch, daß Situationen und damit verbundene Gefühle und Körperreaktionen immer wieder auftreten. Durch ein immer wiederkehrendes Auftreten von Körperreaktionen werden die darin jeweils einbezogenen Körperregionen wie Muskeln, Gewebe und Organe chronisch angespannt.

So behält eine Frau, die über lange Zeit hinweg bedrohlichen Situationen ausgesetzt ist, schließlich hochgezogene Schultern, ängstliche Augen, ein angespanntes Zwerchfell und eine gestörte Atmung. Auch Herzklopfen, Schweißausbrüche und Zittern können ihre ständigen Begleiter werden.

Die Anspannungen liegen jeweils in den Körperregionen, die in den belastenden Situationen reagiert haben. Diese chronischen Verspannungen verhindern eine optimale Durchblutung und schränken damit die Sauerstoff- und Nährstoffzufuhr zu Muskeln, Gewebe und Organen ein.

Dazu gäbe es zahllose Beispiele, die jedoch in diesem Kapitel zu weit führen würden. Im Zusammenhang mit den körperlichen Reaktionen von Frauen auf sexuelle Gewalterlebnisse werden solche körperliche Reaktionen jeweils dargestellt und in ihrer Entstehungsgeschichte näher beleuchtet werden.

Ein wichtiger Aspekt eines Traumas ist auch der Umgang der betroffenen Frau damit. Viele Traumata sind so belastend, daß eine Frau es emotional nicht aushalten kann, sie ständig zu spüren und daran zu denken. Besonders Kinder versuchen, weiterzuleben, wieder zu spielen und sich zu freuen und bemühen sich, die belastenden Situationen möglichst zu vergessen.

Dieser Prozeß des Vergessens, mit dem psychologischen Fachbegriff „Verdrängung“ benannt, ist ein sinnvoller Prozeß, um dem Leben trotz belastender Erlebnisse wieder positive Aspekte abgewinnen zu können. Die Verdrängung dient dem „Überleben“.

Doch obwohl an die belastenden Erlebnisse nicht mehr gedacht wird, bleiben die im Körper entstandenen Anspannungen bestehen, und das Erlebnis wird körperlich mit allen emotionalen Informationen gespeichert.

Wenn nun im Alltag Situationen entstehen, die der traumatischen Situation in irgendeiner Form ähnlich sind, so werden die Anspannungen spürbarer. Auf einer vorbewußten Ebene beginnt die Frau wieder, frühere belastende Erlebnisse zu fühlen. Sie reagiert infolge fehlender Lösungsmöglichkeiten für solche Situationen, die sie ja auch in der traumatischen Situation nicht hat entwickeln können, genauso oder ähnlich wie in der traumatischen Situation selbst, obwohl sie sich aus der Sicht eines Außenstehenden eigentlich durchaus anders verhalten könnte. Wenn sie beispielsweise von jemandem angeschrien wird so wie der Vater es immer tat, so schweigt sie statt sich zu wehren, weil sie dem Vater gegenüber immer schweigen mußte, um nicht geschlagen zu werden.

Die Speicherung der körperlichen Anspannungen ermöglicht es nun, mit therapeutischer Unterstützung und entsprechenden Techniken Erlebnisse und die damit verbundenen Gefühle auch aus frühester Kindheit bis zurück zu vorgeburtlichen Situationen wieder abzurufen und entsprechend zu verarbeiten. Arbeitet man therapeutisch mit den körperlichen Anspannungen, werden Erinnerungen an die auslösenden Situationen wieder wach und können bewußt wahrgenommen werden.

Erinnerungen an die vorgeburtliche Zeit oder auch an die ersten Kindheitsjahre können nicht rational abgespeichert werden, sondern werden in Form von Körperreaktionen in der Erinnerung festgehalten. In den therapeutischen Situationen können den Körperreaktionen, die in der Therapiesituation wieder erneut stattfinden, die in den auslösenden Situationen erlebten Gefühle zugeordnet und das Erlebte schließlich in Worte gefaßt werden. Damit wird auch das in frühester Kindheit Erlebte dem Bewußtsein zugänglich und ist von diesem Zeitpunkt an der rationalen Erinnerung verfügbar. Diese Erinnerungsvorgänge wurden von Chamberlain wissenschaftlich untersucht und belegt.

Diese Möglichkeit der Erinnerung ist bei der Arbeit mit sexuellen Gewalterlebnissen sehr wichtig, da sexueller Mißbrauch auch an Babies und Kleinkindern stattfindet und für die Frau dann nicht der bewußten Erinnerung zugänglich ist. Es können Folgeerscheinungen bei ihr vorhanden sein, sie kann sich aber an nichts erinnern. Es ist also möglich, daß sie das Erlebte entweder verdrängt hat oder alles so früh stattgefunden hat, daß sie es nicht bewußt erinnern kann. In beiden Fällen sind alle Informationen im Körper gespeichert und können mit Hilfe körpertherapeutischer Techniken der Erinnerung zugänglich gemacht und ins Bewußtsein geholt werden.

Der therapeutische Prozeß

Der therapeutische Prozeß beinhaltet also, die traumatischen Erlebnisse aus der Verdrängung zu befreien oder überhaupt bewußter Erinnerung zugänglich zu machen. Im Laufe dieses Erinnerungsprozesses werden die

Erlebnisse nochmals durchlebt. Dabei verläuft ein doppelter Prozeß: die Frau denkt, fühlt und verhält sich wie sie dies in der traumatischen Situation getan hat. Sie weint, schreit, zuckt zusammen, bewegt den Körper, spricht dieselben Worte und wiederholt, was immer zu der auslösenden Situation gehört hat. Gleichzeitig hat sie ein deutliches Bewußtsein darüber, daß sie sich im Therapieraum in Anwesenheit der Therapeutin befindet und daß es sich bei allem um Erlebnisse aus der Vergangenheit handelt. Die Frau weiß also, daß sie die Situation jederzeit beenden kann.

Dieses doppelte Bewußtsein ermöglicht es, sich auch mit extrem belastenden Situationen auseinanderzusetzen und die damit verbundenen Gefühle, Gedanken und Körperreaktionen zu ertragen.

Dadurch, daß beim Wiedererleben des traumatischen Ereignisses der Körper einbezogen ist, sich bewegt, Organe, Muskeln reagieren und Körperprozesse arbeiten wie in der ursprünglichen Situation, wird die sogenannte „Blockade", die in Form der in den früher nicht gelösten Situationen entstandenen Anspannungen aufgebaut wurde, abgebaut und die darin gebundene Energie befreit. Diese Energie wurde dazu benutzt, diese Anspannungen festzuhalten und damit die in den Körperverspannungen gebundenen Informationen aus den auslösenden Situationen zu verdrängen. Diese befreite Energie steht der Frau von nun an für andere Dinge zur Verfügung. Muskeln, Gewebe und Organe entspannen sich, die Atmung wird tiefer, der Körper wird durchblutet und warm. Im emotionalen Bereich entsteht ein Gefühl der Erleichterung.

Um diesen Effekt zu erzielen, ist es natürlich notwendig, die traumatische Situation zu „lösen". Das bedeutet, daß die traumatische Situation von dem Moment an, in dem sie früher unbefriedigend und belastend verlief, eine andere Richtung nehmen muß. Die Frau verhält sich von diesem Moment an im therapeutischen Prozeß so, wie es zu einer für sie positiven Lösung der Situation notwendig ist, wie es auch früher die Situation im positiven Sinne beeinflußt hätte, wenn die Frau sich so hätte verhalten können.

Konnte eine Frau aus einer bedrohlichen Situation beispielsweise nicht mehr weglaufen, blieben ihre Beine voller Anspannungen in den Muskeln, die dem Weglaufen gedient hätten und dazu innerviert wurden, dazu aber nicht genutzt werden konnten. Die Therapeutin wird die Frau nun anregen, die Beine zum Weglaufen zu benutzen, indem sie im Raum umherläuft oder die Beine zumindest so bewegt, als liefe sie.

Konnte eine Frau ihre Arme nicht benutzen, um sich zu wehren, wird sie nun ermutigt, auf ein Kissen zu schlagen und sich vorzustellen, es handele sich dabei um den früheren Angreifer.

Konnte eine Frau nicht impulsiv schreien, weil ihr der Mund zugehalten wurde, wird sie nun ermutigt, laut zu schreien, um alle Anspannungen in der Mund- und Halsregion sowie in der Atmung zu lockern.

Diese Veränderung des Endes der traumatischen Situation zu einer positiven Lösung hin nennt man „Reorganisation", es wird ein neuer Zusammenhang geschaffen. Das Prinzip der Reorganisation wurde von Keleman entwickelt.

Im Rahmen der Reorganisation werden gemeinsam mit der Therapeutin Lösungsmöglichkeiten für die traumatische Situation erarbeitet und entsprechende Verhaltensweisen geübt. Diese neuen Verhaltensweisen sollen und können dann in allen realen Lebenssituationen angewandt werden, die Elemente des traumatischen Erlebnisses enthalten. Die Frau ist nun auch in neuen Situationen nicht mehr blockiert, sondern kann angemessen reagieren und die Situation für sich befriedigend lösen.

Reagierte eine Frau beispielsweise bei einem beliebig gearteten Angriff durch jemanden aufgrund traumatischer Erlebnisse immer starr vor Angst, weil sie nie gelernt hatte, anders zu reagieren und sich zu wehren, weil die entsprechenden Körperreaktionen durch das Trauma blockiert wurden, so lernt sie nun, sich der Angriffssituation entsprechend angemessen zu wehren, statt starr vor Angst zu sein.

Häufig zeigt sich bei der Reorganisation auch, daß die Unlösbarkeit der traumatischen Situation damit zusammenhing, daß die Frau ein Kind und damit abhängig, klein und wehrlos war, während sie heute als Erwachsene ohne weiteres durchaus Lösungsmöglichkeiten für eine ähnliche Situation zur Verfügung hätte. Die Frau lernt nun, daß sie sich in ähnlichen Situationen nicht mehr hilflos wie ein Kind verhalten muß, sondern sich oft mit einfachen Mitteln wehren könnte. Oder sie vermag sich beispielsweise die Zuwendung aktiv bei ihren Mitmenschen zu holen, die ihr als kleinem Mädchen verweigert wurde.

Mit dem Wiedererleben und der Veränderung der traumatischen Situation sowie dem Anwenden der daraus resultierenden neuen Verhaltensweisen werden die Traumata allmählich verarbeitet und wirken sich nicht mehr belastend aus. Die Körperregionen entspannen sich und werden besser durchblutet, krankhafte Reaktionen hören allmählich auf. Negative Gefühle, die im Zusammenhang mit Situationen, die den traumatischen Erlebnissen ähnlich waren, immer wieder entstanden, lassen nach und treten sogleich oder später gar nicht mehr auf. Im emotionalen Bereich entwickelt sich mehr Platz für positive Empfindungen; Erleichterung wird spürbar.

Therapeutische Techniken

Die unterschiedlichen Schulen der körperorientierten Psychotherapie bieten zahlreiche und verschiedenartige therapeutische Techniken unter Einbeziehung des Körpers an. Es sollen an dieser Stelle nur einige Techniken dargestellt werden.

Körperorientierte Therapeuten wählen individuell selbst die Methoden und Techniken, die sie verwenden, und in den Ausbildungen wird in der Regel Wert darauf gelegt, daß jede Therapeutin und jeder Therapeut einen eigenen Stil entwickelt, der ihren oder seinen Fähigkeiten am besten entspricht.

Es ist auch nicht sinnvoll, Techniken für Situationen generell festzulegen, da keine körperorientierte Sitzung wie die andere ist. Jede Klientin hat ihren eigenen Arbeitsstil, ihre eigene Art, Probleme anzugehen. Eine Technik, die zu einem bestimmten Zeitpunkt ausgesprochen sinnvoll ist, kann zu einer anderen Zeit völlig fehl am Platze sein.

Auch hier ist das Einfühlungsvermögen der Therapeutin gefordert. Sie muß immer wieder entscheiden, zu welchem Zeitpunkt welche therapeutische Technik angemessen und hilfreich ist.

Zu Beginn jeder Sitzung sollte zunächst einmal geklärt werden, welche Körperposition am sinnvollsten ist, ob es für eine Annäherung an die Thematik förderlich ist zu sitzen, zu stehen oder zu liegen. Diese Entscheidung ist wiederum davon abhängig, ob eine Klientin starke Abwehrmechanismen hat oder ob sie eher labil und emotional durchlässig ist und über wenig Grenzen verfügt.

Liegen starke Abwehrmechanismen vor, ist es sinnvoll, im Liegen zu arbeiten. Liegen ist eine regressive Haltung und fördert ein Gefühl von Schwäche. Diese Schwäche kann genutzt werden, um eher Zugang zu einer abgewehrten Thematik zu finden. Liegen als regressive Haltung fördert weiterhin die Erinnerung an Zeiten, in denen die Frau von ihrem Entwicklungsstand her am meisten gelegen hat, also die Erinnerung an Zeiten des Baby- und Kleinkindalters. Die Seitenlage, bei der die Frau sich zusammenrollt, weckt am ehesten Erinnerungen an die vorgeburtliche Zeit.

Wenn die Frau starke Ängste hat und über wenig Grenzen verfügt, kann eine Arbeit im Liegen bedrohlich für sie sein. Sie bekommt leicht das Gefühl, den Boden unter sich zu verlieren und wegzufließen oder auseinanderzubrechen. Hier ist es sinnvoller, im Sitzen oder sogar im Stehen zu arbeiten, da diese Positionen typischer für das Erwachsenenalter sind und damit eher Strukturen und Grenzen und ein Gefühl von Überblick und Stärke vermitteln.

Dieselben Aspekte gelten für die Entscheidung, ob die Frau während der therapeutischen Arbeit die Augen schließen oder geöffnet halten will. Geschlossene Augen fördern das Hineingehen in das Innere und einen regressiven Prozeß, geöffnete Augen stärken den Kontakt zur Therapeutin und zur augenblicklichen Situation im Therapieraum. Die Frau kann weiterhin bei geöffneten Augen Fluchtwege im Auge behalten und die gesamte Situation überblicken.

Sowohl Körperpositionen als auch Öffnen und Schließen der Augen können zu unterschiedlichen Zeitpunkten des Therapieprozesses innerhalb einer Sitzung variiert werden, je nach der Notwendigkeit für eine Weiterentwicklung des therapeutischen Prozesses. So kann beispielsweise zu Beginn einer Sitzung das Liegen mit geschlossenen Augen sinnvoll sein, um eine Erinnerung an eine frühere Situation zu erleichtern. Im weiteren Verlauf kann eine Veränderung zum Stehen mit geöffneten Augen notwendig werden, um sich im Prozeß der Reorganisation dem Vater gegenüberzustellen und ihm mit lauter Stimme zu sagen, daß er es nie wieder wagen soll, sie zu berühren. Mit der dadurch neu gewonnenen Sicherheit, sich wehren zu können, kann es dann sinnvoll sein, sich noch eine Weile hinzusetzen und sich auszuruhen.

Während des therapeutischen Prozesses werden generell Bewegungen und Reaktionen des Körpers gefördert, die gerade zum Ablauf passen. Ballt die Frau unbewußt die Faust, während sie von Verletzungen durch den Vater spricht, wird sie ermutigt, die Kraft in der geballten Faust zu spüren und dazu zu nutzen, auf Kissen oder Matte zu schlagen. Das Schlagen fördert in dem Moment die bewußte Wahrnehmung der eigenen Kraft und vermittelt das Gefühl, sich mit dieser Kraft – im Gegensatz zu früher – wehren zu können.

Wenn die Frau extrem bedroht wurde und der Körper starr vor Angst und Panik reagiert, gilt es oft die kleinste Bewegung im Körper zu finden, und sei es nur ein Zucken im kleinen Finger, und dann diese Bewegung zu fördern und weiterzuentwickeln.

Eine wichtige Technik besteht für die Therapeutin darin, mit Gebrauch des eigenen Körpers die traumatische Situation zu reinszenieren. Hat sich die Frau beispielsweise im Schulter- und Brustbereich eingeengt gefühlt, kann die Therapeutin diesen Bereich aktiv zusammenpressen, um ein ähnliches Gefühl entstehen zu lassen wie dies in der traumatischen Situation gegeben war. Diese Technik ist sehr wirksam, muß aber gerade bei der Arbeit mit sexuell mißbrauchten Frauen vor ihrer Anwendung genau überprüft werden, weil dringend davon abgesehen werden muß, als Therapeutin dieselbe Grenzüberschreitung bei der Frau durchzuführen wie es in der Gewaltsituation geschah. Dieses würde zu einer Wiederholung des Traumas führen statt zu einer Verarbeitung. Diese Methode sollte daher im Zweifelsfall lieber nicht angewendet werden, zumal es genügend andere Methoden gibt und bei Gewalterlebnissen eine langsame Annäherung an die Erinnerung und das Wiedererleben ratsamer ist als ein Hineinstürzen. Ein Überschreiten körperlicher, emotionaler und sexueller Grenzen darf also auf keinen Fall wiederholt werden!

Sofern die Therapeutin die Erlaubnis der Frau hat, kann sie bei fehlenden Reaktionen des Körpers durch aktive Berührungen Spannungen etwas lockern, bis der Körpers der Frau selbst aktiv wird. Sind die Hände beispielsweise verkrampft, kann die Therapeutin ihre eigenen Hände leicht darauf legen. Die Wärme und die Sicherheit der Berührung allein können die Anspannung soweit lockern, daß die Frau wieder Bewegungsimpulse in den Händen verspürt. Oder die Sicherheit der Berührung gibt der Frau das Gefühl, sich fallenlassen zu dürfen, nicht mehr bedroht zu sein und endlich in einer sicheren Situation ihren Gefühlen wie Weinen und Schreien freien Lauf lassen zu können.

Eine weitere Möglichkeit besteht darin, die angespannten Muskeln leicht zu massieren, damit die Verspannungen zu lockern und die darin gebundenen Gefühle zu lösen. Eine Massage ist jedoch bei sexuell mißbrauchten Frauen nur selten sinnvoll, da es für die meisten Frauen ein erneutes Überschreiten ihrer körperlichen Grenzen und ein Eindringen in ihren Körper bedeuten kann.

Generell scheint es mir in der Arbeit mit sexuell mißbrauchten Frauen wichtig zu sein, sehr anpassungsfähig zu reagieren und Techniken flexibel anzuwenden.

Methoden der klassischen Bioenergetik [13] halte ich für eher ungünstig, da unter anderem Gefühle durch Streßpositionen des Körpers provoziert werden und die Frau bei dieser Vorgehensweise keinen oder wenig Einfluß auf die einzelnen Schritte des Therapieprozesses hat und von Körperreaktionen und Gefühlen überflutet werden kann wie sie sich vom Täter überwältigt fühlte. Wieder entscheidet eine andere Person, diesmal die Therapeutin, darüber, was mit ihr geschehen soll. Diese Vorgehensweise wiederholt für die Frau das Gefühl des Ausgeliefertseins, das sie in der traumatischen Situation ebenfalls hatte.

Die Methode der Biodynamik [14] ermöglicht eher eine sanfte Herangehensweise an die Problematik, erfordert aber meiner Ansicht nach durch die Massagemethoden zu oft eine Berührung des Körpers der Frau, die für viele Frauen in der ersten Zeit oder während des gesamten Therapieprozesses nicht möglich ist. Es kann dann notwendig sein, nur über verbale Interventionen und Anregungen den Körper der Frau zu unterstützenden Reaktionen zu ermutigen.

Eine Arbeit in symbolischer Form auf der Phantasie-Ebene kann sehr kreativ und förderlich sein. Dabei werden körperliche Empfindungen und Reaktionen mit Situationen aus Geschichten oder aus dem allgemeinen Leben verglichen. Ein verkrampfter Magen kann sich beispielsweise anfühlen wie ein Stein. In dieser Situation kann in phantasievoller Weise herausgefunden werden, wie lange dieser Stein sich schon im Körper befindet, wann er hineingekommen ist und auf welchem Wege. Dadurch kann die Entstehungsgeschichte der Verkrampfung rekonstruiert werden. Bei der Reorganisation wird dann nach einem Weg gesucht, den Stein und damit die Verkrampfung aus dem Körper zu entfernen.

Ein anderes Beispiel könnte sein, daß eine Frau eine verkrampfte Körperregion, die infolgedessen schlecht durchblutet und kalt ist, als Eiswüste vor sich sieht. Entsprechend dem oben beschriebenen Prozeß kann die Entstehung der Eiswüste rekonstruiert und das Eis beseitigt werden.

Eine sinnvolle Methode kann auch aus der Gestalttherapie übernommen werden, die Personifizierung von Körperregionen, Organen oder auch Gefühlen. Mit diesen „Personen“ kann dann gesprochen werden, wodurch ein neuer und direkter Zugang zu Körper und Gefühlen ermöglicht wird. Ein Kontakt zum Körper wird hergestellt, dessen Form die Frau mit ihren Fragen an den Körper selbst bestimmen kann.

Es ist immer wieder erstaunlich, wie bereitwillig in einem solchen Gespräch der Körper und die Gefühle „Informationen“ für einen Veränderungs- und Heilungsprozeß geben, das heißt, wieviele Informationen die Frau bei genauerem Hinsehen unbewußt oder vorbewußt über sich und ihren Körper hat, jedoch bislang keinen bewußten Zugang dazu finden konnte.

Durch den neu entstehenden Kontakt zu Körper und Gefühl wird ein positiver Zugang entwickelt und eine bewußte Beziehung zwischen Körper und Seele aufgebaut, die dann gezielt für einen Veränderungs- und Heilungsprozeß benutzt werden kann.

Die Methoden der Phantasiearbeit und der Gespräche mit Körper und Gefühl bieten sich recht oft bei Frauen mit Gewalterfahrungen an, da bei diesen Techniken der Körper nicht unbedingt berührt werden muß. Natürlich ist es auch bei der Anwendung dieser Methoden möglich, den Körper durch Berührungen stärker miteinzubeziehen – aber es ist eben nicht zwingend notwendig.

Es würde an dieser Stelle zu weit führen, alle Möglichkeiten therapeutischer Techniken darzustellen. Es wird hier auf bestehende Literatur körperorientierter Schulen verwiesen sowie die Hoffnung ausgesprochen, daß körperorientierte Therapeuten und Therapeutinnen in Zukunft mehr über ihre Arbeit und ihre Methoden veröffentlichen. Einen guten Einblick in verschiedenste körperorientierte Herangehensweisen vermittelt die Zeitschrift „Energie und Charakter“ (herausgegeben von Boadella).

Dieser Überblick soll genügen, um einen Eindruck in körperorientierte Techniken zu vermitteln und damit ein Verständnis für die Arbeit mit körperorientierter Psychotherapie bei sexuellen Gewalterfahrungen zu ermöglichen.

Entstehung und Bedeutung von Symptomen

Körperliche Symptome in Form von psychosomatischen Beschwerden bis hin zu somatischen Reaktionen, also organischen Erkrankungen in Körperregionen, sind aufgrund von körperlichen Anspannungen in traumatischen Situationen entstanden.

Die Symptome entstehen jeweils in der Körperregion, die in der traumatischen Situation betroffen war.

In Bezug auf sexuellen Mißbrauch treten psychosomatische oder somatische Reaktionen oft im Bauchbereich im Umfeld der Genitalregion auf in Form von Blasenentzündungen, Eierstock- oder Gebärmuttererkrankungen, undefinierbaren Bauchschmerzen u.ä. Bei oralem Mißbrauch sind Mund- und Wangenregion sowie Atmung und Verdauungsorgane (Speiseröhre, Magen, Darm) betroffen. Beispielsweise entstehen Erstickungsängste und Ekelgefühle und in der Folge Probleme bei der Nahrungsaufnahme u.ä. Bei analem Mißbrauch reagieren Bauch- und Darmbereich mit Schmerzen, Verstopfung und weiteren Krankheiten.

Mit jedem körperlichen oder psychosomatischen Symptom signalisiert der Körper ein Problem. Bei der körpertherapeutischen Arbeit mit dem Symptom läßt sich herausfinden, wann und infolge welcher Situation es entstanden ist und welche Bedeutung es in sich trägt. Hautreaktionen stehen beispielsweise für Berührungsschwierigkeiten, Bauchschmerzen zeigen Verspannungen im Verdauungstrakt und/oder der Genitalregion an, Probleme mit der Atmung oder dem Herzen können für erlebte Angstsituationen stehen und so weiter.

Symptome sind also Signale einer Körperregion für Unwohlsein und unverarbeitete Erlebnisse und damit Anzeichen einer stattgefundenen Verdrängung. Das Verdrängen der Erlebnisse, die zum Zeitpunkt des Geschehens nicht verarbeitet werden konnten, wurde weiter oben schon als ein wichtiger Faktor für das Überleben geschildert. Und somit sind die infolge der Verdrängung entstandenen Symptome Überlebensstrategien, die zum Zeitpunkt des Erlebnisses sinnvoll und wichtig waren. Nur dadurch, daß infolge der Verdrängung Erlebnisse nicht mehr zugänglich sind, bleiben diese Überlebensstrategien oft lebenslang bestehen, obwohl die Situationen und Lebensbedingungen sich möglicherweise längst geändert haben und die Symptome überflüssig geworden sind.

So dienen die Symptome dann nicht mehr dem Überleben, sondern hindern die Frau an einer Weiterentwicklung und an einer Heilung früherer Erlebnisse.

Wichtig ist aber eine respektvolle Haltung den Symptomen gegenüber, da sie ja immerhin ein Überleben ermöglicht haben.

Zur Funktion der Symptome erzähle ich einigen Klientinnen eine Geschichte, die Geschichte vom Wächter vor der Höhle. Ich stelle mir vor, daß unverarbeitete Erlebnisse und Gefühle aus der Kindheit irgendwo im Körper in eine Höhle hinein verbannt werden mit dem Hinweis, daß sie dort bleiben und nicht wieder herauskommen sollen, weil die Frau sie nicht ertragen kann. Vor die Höhle wird ein großer Stein gerollt. Und davor wird zur Sicherheit ein Wächter gesetzt, der die Aufgabe bekommt, darauf zu achten, daß nichts aus der Höhle herauskommt. Der Wächter ist ein Bild für die Symptome. Er akzeptiert die Aufgabe und führt sie ständig aus. Sobald Situationen oder Gefühle auftreten, die an die versteckten Situationen und Gefühle in der Höhle rühren und erinnern, wird der Wächter aktiv und verhindert ein Annähern an das Höhleninnere: das Symptom beginnt zu arbeiten. Wenn nun im Zusammenhang mit einer Psychotherapie unverarbeitete Erlebnisse aufgearbeitet werden sollen, ist es notwendig, diese in der Höhle befindlichen Erlebnisse und die damit verbundenen Gefühle anzusehen, um ein Wiedererleben, eine Reorganisation und ein Überprüfen für das Erwachsenenalter und damit eine Verarbeitung zu ermöglichen. Sobald die Frau mit ihrer Therapeutin jedoch am Stein vor der Höhle rüttelt und Einblick ins Höhleninnere nehmen will, fühlt sich der Wächter an seine alte Aufgabe erinnert und versucht, die Höhle wieder zu verschließen. Je näher die Frau dem Höhleninneren kommt, desto heftiger arbeitet der Wächter. Das bedeutet, daß bei einem beginnenden Therapieprozeß die Symptome sogar noch heftiger werden können als vor Therapiebeginn. Diese Information ist oft bedeutsam für die Frau, um zu verstehen, warum die Symtome schlimmer werden, obwohl sie doch nun aktiv geworden ist und eine Therapie begonnen hat.

Wenn einige der alten Situationen und Gefühle aus der Höhle hervorgeholt und verarbeitet werden können, bekommt der Wächter allmählich die Einsicht, daß seine alte Aufgabe überholt ist, weil sich herausgestellt hat, daß Situationen und Gefühle aus der Höhle nicht mehr lebensbedrohlich sind und von der Frau nun doch verarbeitet werden können. Sobald der Wächter nach genügend positiven Erfahrungen von dieser Möglichkeit überzeugt ist, begibt er sich in den wohlverdienten Ruhestand. Die Symptome hören auf, weil der Wächter durch die Verarbeitung der Erlebnisse seine Daseinsberechtigung verloren hat.

Dieser Prozeß ist bei allen Therapien immer wieder erkennbar, und ein bewußtes Wahrnehmen dessen hilft der Frau, über diese schwierige Phase hinwegzukommen.

Arbeit an der Abwehr

Die Abwehr – im obigen Bild als Wächter dargestellt – schützt vor der Erinnerung an belastende Situationen und Gefühle. Bei der Arbeit mit der Frau begegnet die Therapeutin immer wieder dieser Abwehr, einem Punkt, an dem der Therapieprozeß stagniert und nicht mehr weitergeht. Sie hat nun verschiedene Möglichkeiten, damit umzugehen.

Sie kann die Frau ein Gespräch mit der Abwehr führen und sie nach deren Ursprung und Sinn fragen lassen. Wird der Funktion der Abwehr auf diese Weise Anerkennung gezollt, so bewegt sich der Wächter oft schon etwas beiseite, und der Therapieprozeß kann weitergehen.

Möglicherweise sieht die Frau die Abwehr in Form eines Bildes wie einer Mauer, eines Zaunes, eines Staudamms oder etwas ähnlichem. Sie kann mit diesen Blockaden sprechen oder aber in ihrer Phantasie Möglichkeiten finden, diese Blockaden abzubauen, indem die Mauer abgetragen oder der Zaun abgerissen werden kann.

Manchmal genügt es schon, wenn die Frau einen Blick hinter die Blockade wirft, denn ihr Weg geht hinter der Blockade weiter. Sobald die Frau diesen Weg wieder vor sich sieht, befindet sie sich schon hinter der Blockade, und der Therapieprozeß kann weitergehen.

Manchmal genügt auch die Frage der Therapeutin, was weiter geschehen würde, wenn diese Blockade nicht existent wäre. Beantwortet die Frau die Frage der Therapeutin, ist sie seitlich an der Blockade vorbeigegangen, und die Abwehr ist überflüssig geworden.

Im Gespräch der Frau mit einer Körperregion reagiert der Körper gelegentlich nicht auf eine Frage. Dann sollte die Frau das Organ oder die Körperregion fragen, warum auf ihre Frage keine Antwort erfolgt. Oft wird die Frage nach dem warum durchaus wieder beantwortet, häufig damit, daß der Körper beleidigt oder wütend darüber ist, daß er so lange vernachlässigt und schlecht behandelt wurde. Dieses ist z. B. der Fall, wenn die Frau Körperbereiche verspannt oder aber auch Körperregionen selbst ablehnt, was bei sexuellem Mißbrauch oft der Fall ist, wie später noch ausführlicher dargestellt werden soll.

Dann sollte der Körper gefragt werden, was er sich wünscht oder braucht, um weiter mitarbeiten zu können. Erfüllt die Frau diesen Wunsch, reagiert der Körper wieder kooperativ, und der Therapieprozeß kann weitergehen.

Manchmal begegnet die Therapeutin aber auch einer so massiven Abwehr, daß eine oder mehrere Therapiestunden dazu erforderlich sind, um sie zu bearbeiten und abzubauen. Die Therapeutin sollte der Frau in einem solchen Fall verdeutlichen und erklären, was gerade passiert und ihr die Abwehr bewußt machen. Ist der Frau die eigene Abwehr bewußt, setzt sie sich damit in der Regel auseinander. Oft genügt dann schon die Zeit bis zur nächsten Sitzung, um die Abwehr etwas „weicher" zu machen. Die Frau will weiterkommen und engagiert sich in der nächsten Stunde bei der Arbeit an der Abwehr umso mehr.

An dieser Stelle sollte mit der Frau auch darüber gesprochen werden, daß eine starke Abwehr in der offensichtlich bedrohlichen Auslösesituation mit Sicherheit eine wichtige Rolle beim Überleben gespielt hat und deshalb respektiert werden muß.

6. Auswirkungen sexueller Gewalt

Mit dem Erleben sexueller Gewalt werden alle Grenzen der Frau überschritten. Das Recht auf Selbstbestimmung über Körper und Seele wird völlig ignoriert und verletzt.

Die Frau hat keine Möglichkeit, ihre körperlichen Grenzen zu wahren und darüber zu bestimmen, wer ihren Körper berührt und auf welche Weise.

Ebenso ist es mit den sexuellen Grenzen. Auch hier kann die Frau nicht mehr entscheiden, mit wem sie eine sexuelle Begegnung haben möchte und mit wem nicht.

Sie hat kein Recht mehr auf ihre Gefühle, wieweit sie jemanden mag oder nicht, ob sie mit Ablehnung oder Zuwendung reagieren will. Auch ihre emotionalen Grenzen werden gebrochen. Der normale Ablauf, einem Menschen gegenüber ein Gefühl zu empfinden und sich danach entsprechend zu verhalten, wird unmöglich gemacht. Normalerweise würde die Frau beim Spüren der Aggressivität des Täters ein Gefühl von Ablehnung und den Wunsch nach Distanz spüren. Sie würde den Täter darauf hinweisen, ihr fern zu bleiben, sie nicht zu berühren und wegzugehen, oder sie selbst würde den Ort verlassen. Diese natürlichen Reaktionen werden durch das Erlebte unmöglich gemacht und Gefühle und entsprechende Handlungen der Frau im Keim erstickt.

Die bisherige Beschreibung bezieht sich weitgehend auf die erwachsene Frau, die eine normale Kindheit hatte und zumindest teilweise schon ein Gefühl von Selbstbestimmung kennt. Sie erlebt ein Durchbrechen ihrer körperlichen, emotionalen und sexuellen Grenzen bewußt und kann es in ein Verhältnis zu selbstbestimmtem Verhalten setzen.

Sexuell mißbrauchte Kinder haben die Erfahrung, über sich selbst zu bestimmen, oft noch nicht einmal machen können. Wenn der Täter ein Familienmitglied ist, verhält er sich auch im Alltag dem Kind gegenüber nicht so, daß es ein Recht auf Selbstbestimmung erlebt. Das Kind geht davon aus, daß es solche Rechte nicht hat. Und solange es keine Erfahrungen macht, die ihm diese Rechte verdeutlichen, geht es davon aus, daß sein Leben ohne ein Recht auf Selbstbestimmung der normale Lauf der Dinge sei.

Mit dem Erleben sexuellen Mißbrauchs erfährt das Kind also oft schon sehr früh, kein Recht auf körperliche, emotionale und sexuelle Grenzen zu haben. Es hält dieses für normal, auch wenn es unglücklich dabei ist. Denn obwohl das Kind auch unerfahren sein mag, hat es immer ein Gespür für die Verhaltensweisen anderer, die ihm gut tun und solche, die ihm schaden.

Das Erleben unangenehmer Erfahrungen versucht das Mädchen in der Regel so einzuordnen, daß der Täter schlecht mit ihr umgeht, weil sie selbst schlecht ist. Sie geht zunächst davon aus, daß Erwachsene sich richtig verhalten. Wenn der Vater sie so schlecht behandelt, ordnet sie dieses als Strafe ein und sucht den Grund dafür bei sich selbst. Ein negatives Selbstbild und Selbsthaß entstehen.

Beim Mädchen werden mit dem Erleben sexueller Gewalt nicht nur sexuelle Grenzen überschritten, sondern ihre kindliche Sexualität entspricht in ihrer Entwicklung noch in keinster Weise der genitalen Sexualität einer Erwachsenen. Das Mädchen erschreckt sich über die genitale Erwachsenensexualität und ekelt sich. Einen Penis erlebt sie als wesentlich größer als eine erwachsene Frau ihn sieht. Ein erigierter Penis erscheint gefährlich und wirkt auf das Mädchen wie eine Waffe, mit der sie verletzt wird. Sexuelle Funktionen wie Erektion, Ejakulation sowie sexuelle Verhaltensweisen jeglicher Art versteht sie nicht und fühlt sich allein schon durch das Unbekannte bedroht.

Die normale sexuelle Entwicklung des Mädchens wird durch den sexuellen Mißbrauch gestört und kann nicht mehr in natürlicher Weise verlaufen. Eine normale Erwachsenensexualität kann in der Folge nicht mehr entstehen. Das Mädchen wird durch die sexuelle Gewalt vorzeitig sexualisiert und verhält sich dann auch oft anderen gegenüber, als habe sie bereits eine erwachsene und genitale Sexualität. Sie faßt beispielsweise Erwachsene in genitalen Regionen an oder bietet Berührungen an ihrem eigenen Körper an. Dieses Verhalten hält sie für normal in Beziehungen zu anderen. Besonders wenn das Mädchen den Täter durch ein Dulden von Berührungen befriedigt hat und belohnt wurde, wird sie dies anderen anbieten, sobald sie sich von diesen bedroht fühlt. Sie verwendet dann dieses Angebot zu ihrem eigenen Schutz, so wie sie es beim Täter erlebt hat.

Auch das Ignorieren ihrer körperlichen und emotionalen Grenzen betrachtet das Mädchen als zum Alltag dazugehörig, selbst wenn sie sich dabei unwohl fühlt.

Das Mädchen isoliert sich oft von anderen Kindern und zieht sich auf sich selbst zurück in dem Empfinden, anders und schlechter zu sein als andere Kinder. Da sie denkt, sie sei nicht in Ordnung und erfahre deshalb so viel Schlechtes, fühlt sie sich nicht wert, zu den anderen zu gehören. Selbstbewußtsein und Selbstwertgefühl können sich nur schlecht oder gar nicht erst entwickeln.

Das Überschreiten aller körperlichen, emotionalen und sexuellen Grenzen erlebt das Mädchen als eine Bedrohung für Leib und Leben, für den Körper und die Seele. Je nach Art des gewaltsamen Übergriffs hat sie auch Todesangst und weiß in keinem Moment, ob sie die Situation überhaupt überleben wird. Diese Angst ist verbunden mit entsprechenden Körperreaktionen: Herzklopfen, Zittern, Schweißausbrüche, Atembeklemmungen und Schwindelgefühle. Der Körper schüttet Adrenalin aus, um eine Abwehr oder Flucht zu ermöglichen. Beides findet in der Regel jedoch nicht statt, weil das Kind hilflos und ausgeliefert ist und sich zumeist in einer Abhängigkeitsbeziehung zum Täter befindet. Die Körperreaktionen auf die Angst werden erstickt, der Körper wird angespannt, und ein Gefühl des Gelähmtseins tritt ein.

Erfolgt der Übergriff unerwartet, reagiert das Mädchen mit einem Schock und fühlt sich ebenfalls gelähmt. Gefühle von Hilflosigkeit und Ohnmacht sind mit Angst verbunden. Sie kann sich nicht wehren und fühlt sich dem Täter hilflos ausgeliefert.

All diese Gefühle sind unerträglich für das Mädchen, und sie versucht in der Regel, nichts mehr zu spüren. Ein Gefühl von Leere tritt an die Stelle der unerträglichen Gefühle von Angst, Ohnmacht, Hilflosigkeit, Verzweiflung und Schmerz.

Ebensowenig kann es das Mädchen ertragen, bewußt zu spüren, welche gewaltsamen Übergriffe auf ihren Körper erfolgen und wie der Täter mit ihr umgeht. Sie versucht, auch den Körper nicht mehr zu fühlen und spannt ihn so sehr an, bis sie ihn wirklich nicht mehr spürt. Eine Trennung von Gedanken, Gefühl und Körper entsteht. Oft kann das Mädchen nur noch denken, losgelöst von jedem Gefühl und jeder Form von Körperwahrnehmung.

Manche Mädchen flüchten sich auch in Phantasievorstellungen von einem schönen und geborgenen Leben mit Personen, die sie mögen und achten, um sich nicht mehr mit dem realen Leben auseinandersetzen zu müssen.

Das Überschreiten aller Grenzen des Mädchens führt weiterhin zu einem Gefühl in ihr, ein Gebrauchsgegenstand zu sein ohne jede menschliche Würde. Sie wird nicht als eigenständige Person vom Täter gesehen, sondern wie ein Gegenstand, mit dem der Täter umgeht wie es ihm gefällt. Das Mädchen fühlt sich nicht mehr als Person, nicht mehr als menschliches Wesen, nicht mehr als Individuum mit eigener Persönlichkeit.

Ich war kein Mensch mehr
Ich fühlte nichts mehr
In mir war's endlos leer

7. Überblick von möglichen Folgeerscheinungen sexueller Gewalt

Ängste

- Neurotische Angstsymptomatik mit Atembeklemmungen, Schwindel, Zittern, Schweißausbrüchen, Herzrasen
- Angst im Dunkeln
- Angst vor bedrohlichen Bildern
- diffuse Angst
- unerklärliche Angst beim Anblick von Gegenständen oder Personen
- Angst, allein im Haus zu sein
- Angst, aus dem Haus zu gehen
- Phobien [15]
- Zwanghaftes Verhalten

Reaktionen auf die erlebte Gewalt

- Depressionen
- Ausagierende Aggressivität
- Täterverhalten
- Autoaggressionen
- Diebstahl

Reaktionen des Körpers

- Körperliche Anspannungen und Verspannungen
- Infektionen betroffener Körperregionen wie Blasenentzündungen, Infektionen der Fortpflanzungsorgane
- Pilzerkrankungen der Genitalien oder des Mundes
- Verdauungsstörungen

- Menstruationsstörungen
- Blutungen
- Ablehnung der Genitalien
- Vermeiden der Menstruation durch Magersucht
- Ablehnen der weiblichen Identität
- Ablehnung gynäkologischer [16] Untersuchungen
- Hauterkrankungen
- Ablehnen von Küssen
- Ablehnung von Sexualität allgemein
- Migräne
- Erstickungsängste
- Übelkeit
- Erbrechen von Nahrung
- Gefühllosigkeit und Taubheit in betroffenen Körperregionen
- schlechtes Hygieneverhalten
- Waschzwang
- Suizidgedanken
- Suizid

Suchtverhalten

- Alkoholismus
- Drogenabhängigkeit
- Medikamentenabhängigkeit
- Eßsucht
- Eß-Brech-Sucht
- Magersucht

Grenzverlust

- Masochismus [17]
- Prostitution
- promiskuitives Verhalten [5]
- Distanzlosigkeit
- Psychose [18]
- Borderline-Syndrom [19]

Verhaltensdefizite und Persönlichkeitsprobleme

- Wehrlosigkeit
- Hilflosigkeit, Ohnmacht
- Selbsthaß
- Isolation
- Rückzug
- Mißtrauen
- Kontaktschwierigkeiten
- Probleme im Umgang mit Konflikten
- fehlendes Selbstwertgefühl
- fehlendes Selbstbewußtsein
- Schuldgefühle
- Schamgefühle
- Konzentrations- und Leistungsstörungen
- Schlafstörungen

Probleme mit Beziehungen

- Dulden gewaltsamer Behandlung von Partnern
- Vermeiden von Kontakten und Beziehungen
- Vertrauensseligkeit

Sexualität

- Ekel und Ablehnung Sexualität gegenüber
- Ekel vor männlichen Geschlechtsorganen
- Ekel vor den eigenen Geschlechtsorganen
- fehlende sexuelle Entwicklung oder Defizite darin
- zwanghafte Koppelung von Zuwendung mit Sexualität (um Zuwendung zu bekommen, ist als Mittel nur Sexualität möglich)
- Koppelung von Sexualität und Gewalt, Masochismus
- Exzessive Masturbation
- Vermeiden jeglicher sexueller Aktivität, kann bei Masturbation beginnen
- Beziehung zu Frauen (kann Folgeerscheinung sein)
- Koppelung von Masturbation mit Autoaggressionen

8. Angst als Folgeerscheinung

Die Entstehung von Angst

Angst als Folgeerscheinung entsteht durch die massive Bedrohung, die mit der sexuellen Gewalt verbunden ist. Die Frau hat Angst vor Verletzungen, Angst vor dem Täter, Angst, getötet zu werden.

Symptomatik

Mit der Angst verbunden sind die im Kapitel 6 beschriebenen körperlichen Reaktionen wie Zittern, Schweißausbrüche, Herzklopfen, Atembeklemmungen und Schwindel. Wenn Situationen mit sexueller Gewalt nicht verarbeitet, sondern verdrängt werden, können diese Symptome sich verselbständigen. Sie treten dann nicht nur in Situationen sexueller Gewalt auf, sondern in jeder beliebigen Situation, die auch nur in geringster Weise Angst auslöst. Die genannten körperlichen Symptome tauchen schließlich auf, ohne daß die Frau noch eine Ahnung von ihrer Ursache hat. Sie empfindet die Symptome als „vom heiteren Himmel kommend".

Die Angst in der traumatischen Situation sexueller Gewalt kann von der Frau in der Regel nicht verarbeitet werden. Um dieses Gefühl der Angst nicht immer spüren zu müssen, wird es verdrängt. Und mit dem Gefühl der Angst wird auch die auslösende bedrohliche Situation vergessen.

Von der konkreten Angst bleiben oft nur noch diffuse Angstfetzen übrig. Diese Angstfetzen kann die Frau nicht deuten, empfindet sie als unangenehm und außerhalb ihres eigenen Einflusses.

Wenn sexueller Mißbrauch im Dunkeln statgefunden hat, bleibt beispielsweise nur eine diffuse Angst im Dunkeln übrig. Die Frau schläft nur bei Licht und mag die Nacht und die Dunkelheit nicht.

Manchmal bleiben konkrete Erinnerungsfetzen aus der Situation übrig. Trug der Täter beispielsweise öfters einen langen Mantel, löst der Anblick eines langen Mantels Angst bei der Frau aus, ohne daß sie einordnen kann, warum sie sich vor langen Mänteln fürchtet. Die Verdrängung hat es unmöglich gemacht, noch eine Verbindung zwischen dem Erinnerungsfetzen und der erlebten Situation herzustellen.

Oder die Frau fürchtet sich beim Anblick von Händen alter Menschen und meidet alte Leute, ohne zu wissen, warum sie dies tut. In diesem Fall kann die Angst vor alten Händen darauf hinweisen, daß der Täter ein älterer Mensch war, beispielsweise der Großvater.

Oft sind die Verbindungen zur auslösenden Situation noch diffuser und unklarer. Eine Frau sah beispielsweise eine alte Lampe auf dem Flohmarkt und fühlte sich innerlich gedrängt, diese Lampe zu kaufen, obwohl sie überhaupt nicht ihrem Geschmack entsprach. Sie kaufte diese Lampe und hängte sie zu Hause auf. Als sie die Lampe dann von unten betrachtete, erinnerte sie sich, daß die gleiche Lampe über dem Bett der Eltern gehangen und der Mißbrauch darunter stattgefunden hatte.

Wenn die Gewaltsituation so frühzeitig im Leben der Frau stattgefunden hat, daß eine bewußte Erinnerung von der kindlichen Entwicklung her schon nicht möglich ist – etwa bis zum Alter von 3–4 Jahren – ist die Angst immer nur mit Erinnerungsfetzen in Form von Bildern verbunden, die diese Angst auslösen. War das Mädchen so klein, daß es noch keine Bilder wahrnehmen und in der Erinnerung speichern konnte, ist die Angst nur noch in Form von körperlichen Angstreaktionen auffindbar.

Angst ist ein Gefühl, das bei vielen Menschen zu Vermeidungsverhalten führt. Um die Angst nicht zu spüren, meidet die Frau beispielsweise das Alleinsein, weil die Gewaltsituation immer dann stattfand, wenn sie allein mit dem Täter im Haus war. Dieses Vermeidungsverhalten macht die Frau völlig unfrei und abhängig davon, daß immer irgendjemand bei ihr ist. Sie zieht dem Alleinsein selbst die Gesellschaft einer Person vor, die sie nicht mag. Beim Vorliegen eines solchen Vermeidungsverhaltens wird eine Frau sich mit Sicherheit nicht von einem Partner trennen, selbst wenn dieser sich ihr gegenüber genauso gewaltsam verhält wie der Täter.

Oder die Frau empfindet ihre Wohnung als einzig sicheren Ort, an dem sie über sich selbst bestimmen kann, weil sie sich dort sicher fühlt. Sie vermeidet es dann so weit wie nur möglich, aus dem Haus zu gehen.

Wenn die Gewaltsituationen zu Hause stattgefunden haben, kann das Vermeidungsverhalten genau gegensätzlich dazu sein: sie versucht möglichst, nicht zu Hause zu sein.

Das Vermeidungsverhalten kann sich bis zu Phobien [15] und zwanghaftem Verhalten hin entwickeln. Phobien führen zu starkem Vermeidungsverhalten. Die Frau reagiert sofort panisch auf die Konfrontation mit angstbesetzten Elementen, die in irgendeinem Zusammenhang mit der auslösenden Situation stehen.

Zwanghaftes Verhalten beinhaltet Verhaltensweisen, die die Frau immer wieder ausführt. Sie kann diese Verhaltensweisen nicht mehr kontrollieren, sondern fühlt sich gezwungen, sie immer wieder auszuführen. Sie ist schließlich kaum noch zu etwas anderem in der Lage, als dem zwanghaften Verhalten nachzugehen. Zwanghaftes Verhalten gibt der Frau vordergründig ein Gefühl von Sicherheit und reduziert damit die Angst. Mit dem zwanghaften Verhalten versucht sie eine Form von Kontrolle über die Situation zu gewinnen, die die Angst ausgelöst hat. Sie mag beispielsweise den Tag damit verbringen, zu überprüfen, wieweit alle Türen und Fenster verschlossen sind. Und obwohl sie rational weiß, daß alles verschlossen ist, vertraut sie ihrer eigenen Wahrnehmung nicht und überprüft diese immer und immer wieder. Die verschlossenen Türen und Fenster können für die Frau deshalb so wichtig sein, weil sie es dem Täter unmöglich machen, in ihre Wohnung einzudringen. Sie versucht sich auf diese Weise unbewußt gegen den Täter zu schützen.

Manchmal sind Erinnerungsfetzen nicht mehr im Bewußtsein vorhanden, sondern zeigen sich nur noch in Form von Bildern und Symbolen in Albträumen. So kann eine Frau immer wieder von einem Mann mit Hut träumen, der vor ihrem Bett steht. Bei solchen Alpträumen hat die Frau Angst und wacht auf.

Therapieziele

Therapieziele bestehen im Abbau der Angst und im Aufbau von Sicherheit im Gefühl und im Verhalten. Ziel ist auch, die Ursache der Angst herauszufinden und das traumatische Erlebnis zu verarbeiten.

Wenn die Frau spürt, daß die Ursache für die Angst verarbeitet ist und der Vergangenheit angehört, läßt auch die Angst allmählich nach. Sie beginnt sich sicherer zu fühlen.

Wenn sie lernt, sich wehren zu können, braucht sie keine Angst mehr zu haben, hilflos und ohnmächtig jemals wieder Gewalt über sich ergehen lassen zu müssen. In diesem Zusammenhang kann es sinnvoll sein, die Frau zu einem Selbstverteidigungstraining zu motivieren, damit sie sich praktisch wehren lernt und dadurch ein Gefühl von Wehrhaftigkeit und Sicherheit entwickelt.

Erst wenn die Ursachen der Angst verarbeitet sind, ist die Frau in der Lage, ein eventuell entstandenes Vermeidungsverhalten abzubauen. Dieser

Prozeß kann sehr mühsam sein, da die Frau nur schwer von ihren Sicherheitsmechanismen ablassen kann. Sie benötigt viel Mut und Engagement, um Vermeidungsverhalten endgültig abzulegen.

Die therapeutische Arbeit mit Angst

Ein Inhalt der therapeutischen Arbeit mit Angst besteht zunächst darin, die Ursachen herauszufinden. Dazu muß eine Verbindung zwischen der Angst und der verdrängten auslösenden Situation hergestellt werden. Um diese Verbindung zu finden, können verschiedenste körpertherapeutische Techniken verwendet werden.

Um sich an verdrängte Erlebnisse erinnern zu können, ist in der Regel eine regressive Arbeitsweise fruchtbar. Das heißt, die Therapeutin arbeitet mit der Frau im Liegen und mit geschlossenen Augen.

Begonnen wird dann die Suche nach dem angstauslösenden Erlebnis durchaus mit dem körperlichen Angstsymptom, der körperlichen Angstreaktion oder mit den vorhandenen Erinnerungsfetzen, die die Angst auslösen.

Die Frau darf in der Therapiesituation die Angst nicht vermeiden, sondern muß sich mit ihr konfrontieren, der Angst ins Auge sehen und sie betrachten. Nur dadurch kann sie begreifen, was die Angst für sie bedeutet und wie sie entstanden ist. Gerade bei der Konfrontation mit der Angst benötigt die Frau die Hilfe der Therapeutin besonders intensiv, die sie furchtlos an die Hand nimmt und mit ihr den Weg der Angst zurück zu ihrem Ursprung geht.

Therapietechniken können auf der Suche nach dem Ursprung der Angst darin bestehen, die Angst im Körper zu lokalisieren, sie an der Stelle im Körper zu spüren, die am ehesten mit der Angst zu tun hat. Mit dieser Körperregion und den sich dort befindenden Spannungen muß dann gearbeitet werden. Auf diesem Wege erhält die Frau Informationen über die Angst.

Dabei kann ein Gespräch mit der Körperregion geführt werden mit Fragen wie

- wie fühlt sich der Körperteil?
- wie lange ist die Angst schon dort?
- wann ist sie dorthin gekommen?
- gab es eine Zeit, in der die Angst dort noch nicht war?
- wie ist die Angst an diese Stelle gekommen, durch eine Körperöffnung, durch Augen, Ohren, Haut usw.? – was ist passiert? Was hat die Angst in den Körper gebracht?

Meistens regen diese Fragen die Erinnerung an die auslösende Situation an, und die Therapeutin kann den genauen Ablauf der Situation mit den Details abfragen. In der Regel hat die Frau Schwierigkeiten mit der Rekonstruktion oder scheut sich, der furchtbaren Wahrheit ins Gesicht zu sehen. Darum ist es sinnvoll, beim Abfragen der Details der auslösenden Situation auch nach Einzelheiten zu fragen, die die Frau möglicherweise in der Realität überprüfen kann wie

- welche Kleidung haben Sie getragen?
- wie sieht der Raum aus, in dem Sie sich befanden?
- welche Kleidung trug der Täter?

Es handelt sich dabei um Details, die für das Trauma völlig unwesentlich sind. Kann die Frau aber anhand dieser Einzelheiten beispielsweise feststellen, daß sie einen solchen Schlafanzug tatsächlich besessen hat oder daß die Eltern eine derartige Bettwäsche wirklich hatten, ist es leichter für die Frau, sich selbst zu glauben.

Mit der Erinnerung, die hochkommt, sind oft schon die Gefühle verbunden, die in der auslösenden Situation auch vorhanden waren, aber aus Angst nicht gezeigt wurden. Die Frau mag beispielsweise weinen oder schreien.

Bei der Arbeit mit Angst kann Schreien ein wichtiges Element der Arbeit sein, da Schreien in bedrohlichen Situationen eine spontane und natürliche Reaktion ist. Aus Angst vor Verletzungen durch den Täter werden Schreie unterdrückt und bleiben in Form von Anspannungen im Körper stecken, oft in der Region des Zwerchfells, da der Atem mit dem Zwerchfell festgehalten wurde, um den Schrei zu verhindern.

Wenn die Frau in der Therapiesituation keine Gefühle empfinden kann, muß sich die Therapeutin mit ihr auf die Suche nach den Gefühlen machen durch Fragen wie

- was fühlen Sie?
- wo sind die Gefühle geblieben?
- warum wurden sie versteckt oder verdrängt?
- wie können die Gefühle wiedergefunden, erkannt und gespürt werden?
- welche Bedingungen brauchen die Gefühle, um sich so sicher zu fühlen, daß sie sich heraustrauen und gefühlt werden können?

Weitere Fragen müssen je nach Frau und Situation von der Therapeutin kreativ weiterentwickelt werden. Wichtig ist dabei, daß die Gefühle wiedererlebt und ausgedrückt werden können, um eine emotionale Verarbeitung der Situation zu ermöglichen.

Mit Anwendung der genannten Techniken wird dann die auslösende und traumatische Situation erinnert und durchlebt. Alle beteiligten Gefühle und auch Körperreaktionen und -bewegungen sollten möglichst ebenfalls erneut erlebt werden.

Gefühle und Körperreaktionen müssen von der Therapeutin ermutigt und unterstützt werden: Angst kann den Körper gefrieren lassen. Eine Frau kann beim Wiedererleben der Situation „starr vor Angst“ sein, und jede Körperbewegung kann unmöglich werden. Durch Auflegen einer Hand an der Körperstelle oder auch durch Ermutigen der kleinsten bemerkbaren Regung des Körpers kann dieser dann zu einer Reaktion motiviert werden, und der Prozeß der Reorganisation kann beginnen.

Bei der Reorganisation tut die Frau genau das, was ihr in der auslösenden Situation nicht möglich war: sie weint, schreit, bringt den Täter mit Worten auf Distanz oder wehrt sich sogar körperlich gegen ihn. Bei einer konkreten körperlichen Abwehr übernimmt die Therapeutin die Rolle des Täters und bietet der Frau den körperlichen Widerstand, den sie benötigt, um ihre Kraft zu spüren und anzuwenden.

Die Bedingungen für dieses konkrete Wehren werden von der Therapeutin gesetzt. Die Frau darf nicht schlagen, weil die Therapeutin dabei verletzt werden könnte. Der Körperkontakt zwischen der Frau und der Therapeutin muß durchgängig bestehen bleiben. Die Frau kann die Therapeutin beispielsweise im Stehen durch den Raum schieben bis gegen eine Wand oder in eine Ecke hinein, von wo aus sie den Täter nicht mehr entkommen läßt. Oder die Frau kann die Therapeutin im Sitzen oder Liegen mit den Händen oder den Füßen wegdrücken.

Wichtig für diese Form der Arbeit ist, daß die Frau die Augen geöffnet hat, um nicht zu weit in die Erinnerungssituation abzugleiten und nicht mehr zu bemerken, daß es die Therapeutin ist, gegen die sie sich wehrt. Auf diese Weise kann die Frau selbst mit darauf achten, daß die Therapeutin nicht verletzt wird.

Manchmal ist es jedoch für eine konstruktive Reorganisation wichtig, daß die Frau die Augen geschlossen behalten kann, weil sie mit offenen Augen völlig in die Gegenwart gerät und den Kontakt zur auslösenden Situation verliert. Dann kann die Therapeutin der Frau bei geschlossenen Augen im Liegen oder Sitzen eine Matte als Widerstand anbieten, gegen die die Frau treten oder schlagen kann. Die Therapeutin hält die Matte dabei von der Rückseite fest.

Eine weitere Technik, um die auslösende Situation zu erinnern, kann auch in Phantasiearbeit bestehen. Die Angst wird ebenso, wie oben beschrieben, an einer Körperstelle lokalisiert. Dann kann sich die Frau vorstellen, wie es an dieser Körperstelle im Körperinneren aussieht. So kann die Angst beispielsweise symbolisch als Stein im Magen gesehen werden. Die Therapeutin kann nach der Herkunft des Steins und nach dem Zeitpunkt fragen, wann der Stein in den Magen gelangte und auf welche Weise dies geschah.

Die Reorganisation besteht dann darin, den Stein aus dem Magen wieder zu entfernen.

Für diese Art der Arbeit ist auch die Phantasie der Therapeutin gefragt, die der Frau Vorschläge machen muß für den Fall, daß der Frau keine Möglichkeit einfällt. Im obigen Beispiel kann der Stein zerschlagen oder aufgelöst werden, um den Körper wieder zu verlassen.

Das Bild des Steins wird häufig verwendet als ein Symbol für Anspannungen und Verkrampfungen, die die Frau in einer Körperregion als etwas Hartes spürt.

Dieselben Techniken, die bei Erinnerungsfetzen im Bewußtsein angewendet werden können, können auch bei Bildern und Symbolen aus Alpträumen benutzt werden.

So kann die Frau mit dem Traum vom Mann, der mit einem Hut vor ihrem Bett steht, in der Therapiestunde bildhaft arbeiten. Sie stellt sich vor, nicht aufzuwachen, sondern in der bedrohlichen Situation zu bleiben. Sie kann beobachten, was dieser Mann weiterhin tut. Sie wacht nicht aus Angst auf, sondern setzt sich mit der angstauslösenden Situation auseinander statt durch Aufwachen auszuweichen.

Träume sind Versuche, Unverarbeitetes zu verarbeiten. Durch das Aufwachen ist die Frau dazu jedoch nicht in der Lage. Wenn sie die weiteren Geschehnisse in der Form einer Weiterführung des Traums ansieht, ist eine Erinnerung an die angstauslösende Situation möglich, und eine positive Reorganisation kann den Alptraum beseitigen.

Manchmal sind auch keine mühsamen Wege und Suchaktionen nach der auslösenden Situation notwendig, sondern die Frau erinnert sich gleich bei den ersten Fragen der Therapeutin schlagartig an die auslösende Situation.

Zu Beginn der therapeutischen Arbeit wurde vorgeschlagen, regressive Formen im Liegen zu wählen. Dieser Vorschlag gilt nur für gebundene Angst.

Liegt eine frei flottierende Angst [20] mit Panik vor, ist genau das Gegenteil richtig: eine Arbeit im Sitzen oder Stehen und unbedingt mit geöffneten Augen. Bei frei flottierender Angst besteht die Gefahr einer psychotischen Reaktion, wenn die auslösende Situation in einer ausgelieferten Körperstellung wie dem Liegen wiedererlebt wird. Die geöffneten Augen und die erwachsene Körperhaltung des Sitzens oder Stehens garantieren den Kontakt zur aktuellen Situation im Therapieraum und zur Therapeutin und damit die Sicherheit, der Angst „ins Auge sehen zu können". Eine langsame Vorgehensweise sowie eine ständige Überprüfung des Kontaktes zur aktuellen Situation und zwischen Frau und Therapeutin ist absolut wichtig! Ansonsten besteht das Risiko, daß die Frau den Kontakt zur Realität verliert und in einen psychotischen oder psychoseähnlichen Zustand gerät.

Weitere körpertherapeutische Techniken bleiben selbstverständlich der jeweiligen Therapeutin vorbehalten.

Mit der Reorganisation und der Möglichkeit, die ehemals traumatisierende Situation bei sexuellem Mißbrauch nun für sich erkennen und sich wehren zu können, läßt die Angst der Frau allmählich nach. Sie gewinnt die Sicherheit, jetzt im Erwachsenenalter selbst über ihre Grenzen entscheiden zu können. Die Frau braucht sich nie wieder zum Opfer und Objekt machen zu lassen.

Entsprechende Selbstverteidigungstechniken geben der Frau auch die praktischen Möglichkeiten an die Hand, um sich im Ernstfall wehren zu können.

Liegt bei der Frau bereits ein Vermeidungsverhalten vor, so ist es noch ein mühsamer Prozeß für sie, dieses allmählich abzubauen. Denn das Vermeiden hat zum Ziel, der Angst nicht mehr begegnen zu müssen. Die Frau ist nicht gern dazu bereit, in heutigen Situationen zu überprüfen, wieweit sie sie wirklich noch vermeiden muß oder nicht. Nur durch die konkrete Erfahrung, daß sie sich einer bislang angstauslösenden Situation aussetzt und diese durchsteht, kann sie feststellen, daß das Vermeidungsverhalten nicht mehr notwendig ist.

Hierbei helfen meiner Erfahrung nach die bisher dargestellten körpertherapeutischen Techniken nicht mehr, da es um konkretes Handeln und neue Erfahrungen im Alltagsleben geht. Es gilt, die Frau zu ermutigen, diese Situationen für sich auszuprobieren und sich selbst eine Chance für neue Erfahrungen zu geben. Manchmal hilft es, eine Art Abmachung oder Vertrag mit der Frau einzugehen, was sie bis zur nächsten Sitzung ausprobieren will. An eine solche Abmachung fühlt die Frau sich dann gebunden und konfrontiert sich eher mit der Situation. Ansonsten wird die Frau zu weiterem Vermeidungsverhalten neigen.

Fallbeispiel

Die zweiundzwanzigjährige Petra kommt mit einer akuten Magersucht und mit einer neurotischen Angstsymptomatik in die Psychotherapie.

Aufgrund der Magersucht und der damit bestehenden körperlichen Gefährdung wird vordringlich die Magersucht therapeutisch bearbeitet. Die Magersucht scheint zunächst im Zusammenhang mit einer problematischen Beziehung zur Mutter zu stehen.

Erst nach zahlreichen Sitzungen und infolge des darin allmählich aufgebauten Vertrauensverhältnisses ist Petra bereit, sich mit den Ursachen für ihre Angst auseinanderzusetzen. Sie hat Angst vor Menschen und reagiert mit entsprechenden körperlichen Symptomen wie Schwindel, Schweißausbrüchen, Atembeklemmungen, Zittern und Herzrasen. Die körperlichen Reaktionen beginnen dann, wenn Petra länger als für wenige Minuten mit einer Person sprechen und ihr dabei in die Augen sehen muß.

Als sie bereit ist, die Angst anzusehen und sich auf die Suche nach der Ursache zu machen, beginnen wir mit ihrer Angst, anderen in die Augen zu sehen. Petra legt sich auf die Matte und schließt die Augen. Sie stellt sich vor, in die fremden Augen hineinzusehen. Die Augen sind bedrohlich. Petra sagt, die Augen werfen sie um, sie sagen ihr, sie solle sich hinlegen. In ihrem Körper spürt sie, daß sie in der angstauslösenden Situation auch liegt, und zwar auf einem harten Boden. Sie fühlt in ihren Körper hinein, und ich frage sie, wie klein der Körper in dieser Situation ist. Sie sagt, noch sehr klein. In ihren Ohren hört sie einen Ton, der immer lauter wird. Ich frage sie nach genaueren Informationen über den Ton, und sie hört einen Rhythmus – es handelt sich offensichtlich um die keuchenden Geräusche des Täters an ihrem Ohr.

Als ich sie bitte, den restlichen Körper zu spüren, um zu erfahren, was genau mit ihr passiert, ist ihr Körper taub, sie spürt nichts. Als sie allen Mut zusammennimmt, spürt sie den Penis des Mannes zwischen ihren Beinen, den dieser an ihrer Scheide reibt. Der Mann hält sie an den Armen fest und drückt sie auf den Fußboden. An ihrer Scheide fühlt sie etwas Nasses – offensichtlich das Sperma des Mannes.

Die Augen des Täters kann Petra nicht hundertprozentig identifizieren. Sie kennt den Täter und hat das Gefühl, daß es sich um den zweiten Mann der Großmutter handelt, den sie nicht oft gesehen hat.

Die Erinnerung an die auslösende Situation hat die gesamte Therapiesitzung in Anspruch genommen. Petra hat noch sehr viel Angst, Gefühle zu zeigen, da jegliche Gefühlsäußerungen von der Mutter lächerlich gemacht wurden. Das Durchleben der Situation mit allen beteiligten Gefühlen und Körperreaktionen muß auf eine spätere Sitzung verschoben werden. Petra spürt aber schon eine innere Erleichterung allein durch die Erinnerung. Sie hat nun die Gewißheit, daß es einen konkreten Grund für ihre Angstreaktionen gibt. Petra empfindet sich als weniger seltsam, sondern sieht eine Logik in ihren Gefühlen und ihrem Verhalten.

Petra, die gern und gut malt, nimmt den Vorschlag an, zu Hause Bilder über ihre Gefühle von Ohnmacht und ihre erstickten Schreie zu malen. Damit kann sie Gefühle ausdrücken. Beim Ansehen von Augen will sie sich bewußt verdeutlichen, daß es sich hierbei nicht mehr um die Augen des Täters handelt, sondern um die anderer Personen. Sie weiß, daß heute niemand mehr die Macht besitzt, sie zu zwingen, sich hinzulegen und sich mißbrauchen zu lassen. Sie ist nicht mehr eineinhalb oder zwei Jahre alt, sondern sie ist eine erwachsene Frau und kann sich wehren.

(Alle Namen in den Fallbeispielen sind geändert)

9. *Umgang mit der erlebten Gewalt*

Die Entstehung der Umgangsweisen

Mit der Gewalt des Täters erlebt die Frau aggressive Handlungen, die gegen sie gerichtet sind. Dem Täter geht es auch darum, Macht über die Frau zu haben und seine Aggressionen und seinen Haß an ihr auszulassen. Eine adäquate [21] Antwort in Form von Gegenwehr ist durch die Übermacht des Täters nicht möglich. Die Frau muß alle Impulse von Wut und Gegenaggressionen herunterschlucken. Diese Aggressionen lagern sich in ihr ab und kommen wegen der Angst nicht heraus. Selbst später, wenn es möglich wäre, zu schreien oder auf ein Kissen zu schlagen, hat die Frau Angst vor ihren Aggressionen. Sie empfindet ihre Wut und ihren Haß auf den Täter als ein riesiges Monster, das alle um sich herum umbringen wird, wenn sie es herausläßt.

Symptomatik

Die zurückgehaltenen Aggressionen arbeiten in der Frau, sie spürt die damit verbundenen Anspannungen in sich. Besonders in Momenten, die in irgendeiner Weise wieder Gewaltelemente enthalten, melden sich die zurückgehaltenen Aggressionen.

Die Frau hat verschiedene Möglichkeiten, mit ihren Aggressionen umzugehen. Sie kann sie so tief in sich verbergen, daß sie sie nicht mehr bewußt spürt. Dieses hat zur Folge, daß sie insgesamt ihre Gefühle kaum noch wahrnimmt. Eine Depression entsteht. Verbunden mit der Depression ist ein Gefühl der Resignation und des Aufgebens, das in der Gewaltsituation dadurch entsteht, daß die Frau sich nicht wehren kann und resignieren muß.

Eine andere Möglichkeit liegt darin, die Aggressionen hoch und nach außen kommen zu lassen. Die Frau kann sie gegen andere richten, an anderen ausagieren oder aber sich selbst als Ziel der eigenen Aggressionen wählen.

Gegen andere gerichtete Aggressionen und auch Autoaggressionen [22] entladen die innere Spannung. Das Gefühl der Wut wird durch ein Verhalten nach außen gebracht und die mit der Wut verbundenen körperlichen Anspannungen damit abgebaut.

Da die den Spannungen zugrundeliegenden Problemsituationen durch ein Abladen jedoch nicht gelöst oder verarbeitet werden, entstehen erneut Spannungen, die wieder entladen werden müssen.

Wenn die Frau ihre Aggressionen an anderen ausagiert, wird sie infolge ihrer Angst dazu neigen, sich schwächere Personen dazu auszuwählen, vor denen sie keine Angst hat. In dieser Situation kann sie selbst zur Täterin werden, die ihre Machtsituation dazu benutzt, ihre Aggressionen und ihren Haß an anderen abzureagieren.

Das Ausagieren von Aggressionen und der Wechsel vom Opfer zur Täterin findet sich jedoch nicht oft bei Frauen, da sie allein infolge ihrer Sozialisation weniger zum Ausdruck von Aggressionen neigen als Männer. Mädchen müssen sich in der Sozialisation im allgemeinen anpassen lernen und dürfen sich nicht streiten oder gar prügeln, wohingegen nach der gängigen Meinung zu einem „ordentlichen Jungen auch mal eine Prügelei gehört".

Die Frau wird also eher zu Depressionen oder zu Autoaggressionen neigen. Autoaggressionen beginnen mit Nägelkauen, Nagelhaut abziehen bis hin zu Schnitt- und Brandwunden, die die Frau sich selbst zufügt. Autoaggressionen haben neben dem Abladen innerer Spannungen auch noch die Funktion, sich spüren zu können. Die Frau kann ihre Gefühle und auch ihre sensorischen Wahrnehmungen soweit abgetötet haben, daß nur noch körperlicher Schmerz wirklich spürbar ist. Schmerz gibt ihr die Gewißheit, überhaupt noch etwas fühlen zu können. Sie fügt sich selbst Schmerz zu, um sich als noch existent zu erleben.

Autoaggressionen können weiterhin die Funktion haben, den seelischen Schmerz durch einen körperlichen Schmerz zu überdecken, wenn die Frau ihre seelische Qual nicht mehr ertragen kann.

Autoaggressionen können der Frau auch das Gefühl vermitteln, eine Form von Kontrolle über ihren eigenen Schmerz zu haben. Die Schmerzen, die der Täter ihr zufügte, konnte sie nicht bestimmen oder beenden. Beginn und Ende selbst zugefügten Schmerzes kann sie bestimmen und kontrollieren.

Die extremste Form von Autoaggressionen besteht im Suizidversuch und im vollendeten Suizid. Die Frau vernichtet ihre eigene Existenz, weil sie die körperlichen und seelischen Qualen nicht mehr ertragen kann und will und keinen anderen Ausweg mehr sieht, um die Schmerzen zu beenden.

Eine weitere Möglichkeit, Aggressionen auszuagieren, besteht in indirektem aggressivem Verhalten, beispielsweise in Form von Diebstählen. Die Frau wagt es nicht, ihre Aggressionen offen zum Ausdruck zu bringen und agiert sie heimlich aus. Sie nimmt etwas, was anderen gehört und ihr nicht freiwillig gegeben wird. Sie nimmt es sich gewaltsam.

So ausgelöste Diebstähle führen dann früher oder später zur polizeilichen und gerichtlichen Verfolgung, und die Frau wird wieder zum Opfer. In Gerichtsverfahren wird sexueller Mißbrauch nach wie vor nicht als mögliche Ursache delinquenten Verhaltens von Frauen in Betracht gezogen.

Auch offen aggressives Verhalten wie Körperverletzung, Sachbeschädigung und ähnliches kann, je nach Form und Methode, ebenfalls zum Konflikt mit dem Gesetz führen. Auch hier wird sexueller Mißbrauch als Ursache in der Regel nicht in Erwägung gezogen.

Hilft die Therapeutin einer sexuell mißbrauchten Frau beim Durchstehen von Strafverfahren, muß sie viel Zeit und Energie investieren, um in Form von Stellungnahmen dem Gericht die Denkweise zu vermitteln, wie ein Mißbrauchsopfer zur Täterin wird. Bei anderen Gewaltdelikten wie Körperverletzung, Mord oder ähnlichem, die in der Mehrzahl von Männern ausgeübt werden, wird von Seiten des Gerichtes in Form eines Gutachtens die Suche nach möglichen Ursachen erfolgen.

Die sexuell mißbrauchte Frau hat selten die Chance auf einen verständnisvollen Richter, der nach Ursachen fragt und sexuellen Mißbrauch mildernd in Betracht zieht.

Hat die Frau niemanden zu ihrer Unterstützung – nur wenige Rechtsanwälte sind in der Lage, mit dem Thema sexueller Gewalt umzugehen – wird sie es infolge ihrer Schuld- und Schamgefühle niemals wagen, ihre Erlebnisse öffentlich auszusprechen. Hat die Frau den Zusammenhang zwischen ihren Delikten und dem erlebten sexuellen Mißbrauch noch nicht durch eine therapeutische Bearbeitung festgestellt, wird sie selbst nicht auf den Gedanken kommen, in der erlebten sexuellen Gewalt die Ursache für ihre Konflikte mit dem Gesetz zu sehen.

Ein weiterer Versuch, mit den erlebten Aggressionen umzugehen, besteht im Verdrängen, so daß die mit den Aggressionen verbundenen körperlichen Anspannungen nur noch in körperlichen Symptomen zum Ausdruck kommen.

Therapieziele

Ein Therapieziel besteht im Abbau der Aggressionen durch eine Verarbeitung der zugrundeliegenden Situationen. Die Aggressionen sollen für die Frau spürbar werden und auch herauskommen, aber in einer Weise, die weder für die Frau noch für irgendeine andere Person schädlich oder gefährlich ist. Ausagierendes Verhalten, Delinquenz und alle Formen von Autoaggressionen, einschließlich der Suizidgedanken, sollen beseitigt werden. Dasselbe Ziel gilt für die Depression als Folgeerscheinung.

Die therapeutische Arbeit

Die therapeutische Arbeit besteht wieder darin, die Erinnerung an die den Aggressionen zugrundeliegenden Situationen zu wecken, die Situationen erneut zu durchleben und in der Reorganisation die eigenen Aggressionen zur Gegenwehr gegen den Täter zu verwenden. Dazu kann, wie schon beschrieben, die Therapeutin die Rolle des Täters einnehmen, oder die Aggressionen können symbolisch ausagiert werden. Die Frau kann auf ein Kissen oder eine Matte schlagen oder gegen eine Matte treten, indem sie sich vorstellt, diese sei der Täter. Dazu sei auf die beschriebenen Therapietechniken verwiesen.

Es ist natürlich nicht immer der Fall, daß erlebte sexuelle Gewalt verdrängt wurde, sondern viele Frauen erinnern sich direkt an die Situationen. In diesem Fall ist die Erinnerung an die auslösende Situation als Therapieschritt nicht mehr erforderlich, sondern der Therapieprozeß kann beim Durchleben der traumatischen Situation beginnen.

Die therapeutische Arbeit mit Depressionen

Die Arbeit an einer Depression ist in der Regel langwierig und mühsam. Die Frau hat eine dicke Schicht über ihre Gefühle gelegt. Diese Schicht wird von Frauen als Watteschicht, Nebel oder ähnliches bezeichnet.

Eine Depression ist eine massive Form von Abwehr gegen das Fühlen und Wiedererleben der zugrundeliegenden Situationen. Oft muß die Therapeutin lange an und mit der Abwehr arbeiten. Sie muß mit der Frau herausfinden, warum es so lebensnotwendig war, die Gefühle mit einer derartig dicken Schicht zu bedecken.

Depression ist auch eine Form von Resignation. Die Frau hat sich selbst zum größten Teil aufgegeben und hat keinen oder wenig Mut, daß sich an ihrer Situation und ihrem Befinden noch etwas ändern könnte. Sie empfindet ihre Depression oft als Schicksal, das unabänderlich ist. Die Therapeutin hat die mühsame Aufgabe, der Frau Mut zu machen und sie immer wieder zu motivieren, es doch zu versuchen. Und selbst wenn die auslösende Situation gefunden wurde, behindert die Mutlosigkeit der Frau sie wiederum darin, neue Verhaltensweisen auszuprobieren. Sie denkt, es werde doch alles wieder so verlaufen wie früher. Es ist oft schwer, sie zu motivieren, Neues zu versuchen. Bemüht sich die Frau dann, wird sie es zunächst wenig aus Eigeninteresse tun, sondern weil die Therapeutin ihr dieses geraten hat und sie ihr vertraut, oder sie tut es der Therapeutin zu Gefallen. Erst später verwendet sie neue Verhaltensweisen aus eigener Überzeugung.

Eine Depression verkörpert sehr deutlich die Ohnmacht, die die Frau beim Erleben der Gewaltsituation empfunden hat.

Ist die Frau dann jedoch erfolgreich mit ihren Bemühungen, ist der schwerste Teil der Arbeit geschafft.

Die therapeutische Arbeit mit Ausagieren

Selten kommt es zu therapeutischer Arbeit mit einer Frau, die ihre Aggressionen offen an anderen ausläßt, da eine solche Frau ihre Spannungen bei anderen abreagiert und selbst keinen längerfristigen inneren Leidensdruck aufbaut. Da die Frau nicht bewußt leidet, wird sie eine Therapie nicht als Hilfsmöglichkeit in Erwägung ziehen.

Begegnet die Therapeutin ausnahmsweise einer solchen ausagierenden Frau, so ist es von großer Bedeutung, bei der Frau das Gefühl für den eigenen Schmerz und die Qual wiederzubeleben. Nur wenn die Frau sich an die eigenen Gefühle als Opfer der sexuellen Gewalt erinnert, ist sie in der Lage zu spüren, wie es ihren Mitmenschen ergeht, wenn sie ihre Anspannungen an ihnen ausläßt. Wenn die Frau ihren eigenen Schmerz wieder spürt, wird sie darüber betroffen sein, daß sie anderen dieselben Schmerzen zugefügt hat.

In der Folge ist es dann wichtig, mit der Frau ein Verständnis für die eigenen Gewaltreaktionen zu erarbeiten, damit sie sich allmählich selbst verzeihen kann. Ein zentraler Punkt der Verarbeitung besteht darin, daß die Frau die Verantwortung für ihr gewaltsames Handeln übernimmt und dieses den Menschen gegenüber auch zum Ausdruck bringt, die sie mit ihrem Verhalten verletzt hat. Schön ist es, wenn die betroffenen Menschen der Frau ebenfalls verzeihen können. Dieses ist häufig der Fall, weil das neue Opfer erlebt, daß die Täterin die Verantwortung für ihre Handlungen übernimmt und es damit von einer großen Last befreit.

Handelt es sich bei den Opfern um die eigenen Kinder, ist es wichtig, daß die Frau ihnen eine Möglichkeit schafft, die Gewalterlebnisse, die sie ihnen zugefügt hat, zu verarbeiten, beispielsweise in einer eigenen Therapie. Sinnvoll ist es, wenn die Frau sich dazu bei einer Erziehungsberatungsstelle informiert. In einigen Städten gibt es inzwischen spezielle Beratungsstellen für Frauen und Mädchen mit sexuellen Gewalterfahrungen

(Adressenlisten finden sich in nahezu jedem Buch zu sexuellem Mißbrauch).

Die therapeutische Arbeit mit Autoaggressionen

Autoaggressionen müssen im Laufe der therapeutischen Arbeit auf ihren eigentlichen Ursprung, die Aggressionen, zurückgeführt werden. Die Frau muß allmählich spüren lernen, daß das Ziel ihrer Wut nicht sie selbst, sondern eigentlich der Täter ist.

Sie braucht Unterstützung dabei, sich an die auslösenden Erlebnisse zu erinnern und die Aggressionen gegen den Täter erneut zu spüren. Die Therapeutin kann dann mit den wiedergefundenen Aggressionen ebenso arbeiten wie bereits beschrieben.

Dienen die Aggressionen dazu, sich überhaupt spüren zu können, ist es wichtig, die ursprüngliche Situation zu durchleben und die abgetöteten Gefühle wiederzubeleben. Die Frau muß sie spüren und zum Ausdruck bringen zum Beispiel durch Weinen, Schreien und entsprechende Körperreaktionen.

Durch eine Reorganisation und den Aufbau wehrhafter Reaktionen kann die Frau dann ihre Gefühle aufarbeiten, und es ist nicht mehr notwendig, daß sie sie abtötet. Wenn sie ihre Gefühle wieder spüren kann, braucht sie die Autoaggressionen nicht mehr.

Die Verarbeitung der Gefühle und somit der Abbau von Autoaggressionen kann eine längere Zeit erfordern. Es kann unter der Therapie zu spontanen autoaggressiven Reaktion kommen, bis die neuen Umgangsweisen sich mehr verfestigt haben und für die Frau normaler geworden sind.

Ähnliches gilt, wenn die Autoaggressionen den seelischen Schmerz durch einen körperlichen Schmerz überdecken sollen. Wenn die Frau den seelischen Schmerz der Ursprungssituation wiedererlebt und anschließend aufarbeitet, braucht sie die Autoaggressionen nicht mehr.

Wenn die Autoaggressionen der Kontrolle über Beginn und Ende von Schmerzen dienen, so ist diese Funktion dann erst überflüssig, wenn die zugrundeliegenden Erlebnisse verarbeitet sind und die Frau gelernt hat, daß sie über sich selbst und somit ihre Grenzen bestimmen kann, ohne sich dabei Schmerzen zufügen zu müssen. Nach einer Verarbeitung weiß sie, daß sie im Erwachsenenalter jederzeit eine Bedrohung ihrer Grenzen erkennen und frühzeitig eine Abwehr aufbauen kann. Sie hat damit grundsätzlich die Kontrolle über sich selbst. Ausgenommen sind dabei extreme Ausnahmesituationen wie z. B. plötzlicher Überfall mit Waffengewalt.

Die therapeutische Arbeit mit Delinquenz

Die Therapeutin kann beginnen, am Symptom zu arbeiten, beispielsweise am Diebstahl. Sie kann mit der Frau die Erinnerung an einen Diebstahl zurückrufen, den Ablauf nochmals geistig rekonstruieren lassen und dabei alle auftretenden Gefühle und Körperreaktionen bewußt einbeziehen.

Zum Beispiel kann sie die Frau zwischenzeitlich ein Gespräch mit ihrer Hand führen lassen, die die Diebstähle begeht und sie fragen lassen, warum die Hand die Gegenstände nimmt. Dieses führt zum Erkennen und Fühlen der eigentlich zugrundeliegenden Aggressionen, die durch den Diebstahl heimlich und indirekt ausgedrückt wurden. Wenn die Frau auf diesem Wege auch die auslösenden Situationen findet und verarbeitet, braucht sie die Diebstähle nicht mehr zum Ausagieren der Spannungen.

Auch hier besteht, ähnlich wie beim ausagierenden Verhalten als Täterin ein Teil der Arbeit darin, die Frau ein Mitgefühl und Verständnis für ihr eigenes Verhalten und einen Zusammenhang zwischen Ursache und Tat aufbauen zu lassen, so daß sie sich selbst verzeihen kann.

Fallbeispiele

Fallbeispiel für eine Depression

Die einunddreißigjährige Rita kommt mit einer schweren Depression in die Psychotherapie. Sie leidet ferner an einer Eß-Brech-Sucht und trinkt phasenweise übermäßig Alkohol. Den Alkohol kann sie erstaunlich schnell aus ihrem Leben entfernen. Das Essen als Verdrängungsmechanismus benötigt sie noch länger.

Rita fühlt gar nichts, sie kann sich nicht freuen, spürt aber auch keine Schmerzen oder negativen Gefühle. Alles verläuft gleichförmig. Sie hat das Gefühl, das Leben geht an ihr vorbei. Sie fühlt sich niedergeschlagen und bedrückt und sieht keine positive Zukunft für sich. Sie denkt oft an Selbstmord und wünscht sich, tot zu sein. Sie sagt, Gedanken an ein Weiterleben nach dem Tode hielten sie davon ab, ihr Leben zu beenden. Sie habe den Eindruck, eine Bewältigung ihrer Probleme lernen zu müssen und nicht durch den Tod vor ihnen davonzulaufen.

Rita hat keinerlei Erinnerung an Erlebnisse mit sexueller Gewalt. Sie weiß nicht, welchen Ursprung ihre massiven Depressionen haben. Als sie einmal Photos von sich selbst mitbringt, um mir zu zeigen, wie unwohl sie sich schon als Kind und Jugendliche gefühlt hat, ist unter den Photos auch ein Bild, das am Tag ihrer Konfirmation aufgenommen wurde. Sie trägt ein Baby-Doll, ein zur damaligen Zeit modernes Schlafanzugoberteil. Der Patenonkel hatte es ihr geschenkt und darauf bestanden, daß sie es vorführe, um zu sehen, ob es ihr stehe. Alle Männer stehen auf dem Photo um Rita herum und machen ihre „Späße", während Rita in der Mitte gebeugt steht wie ein Häufchen Elend.

Als ich Rita sage, daß diese Situation auf dem Photo auch eine Form sexueller Gewalt sei, ist diese Sichtweise völlig neu für sie. Sie hat noch nie darüber nachgedacht.

Bevor Rita sich viel später im Laufe der Therapie an Mißbrauchserlebnisse mit dem Onkel erinnern kann, die in Form von Berührungen und Onanieren vor ihren Augen stattfanden, ist es notwendig, die Depression ein Stück weit abzubauen, damit Rita überhaupt etwas fühlen kann.

Auf der Suche nach ihren Gefühlen, die Rita tief unten im Bauch vermutet, findet sich in Höhe der Brust ein meterhoher, massiver Staudamm aus Beton, der jede Gefühlswelle im Ansatz verebben und an sich abprallen läßt. Die Brust ist die Körperregion, in der Gefühle bewußt wahrgenommen und identifiziert werden können. Rita hat also durchaus Gefühle, die sie als im Bauch verborgen erlebt, aber sie kann sie nicht wahrnehmen oder spüren.

Bei der Frage nach dem Zweck des Staudammes zeigt sich, daß dieser gebaut wurde, um schmerzliche und traurige Gefühle nicht spüren zu müssen. Der Staudamm ist schon früh in Ritas Leben entstanden. Sie begann mit dem Bau der ersten Betonschichten, als sie spürte, daß die Eltern kein wirkliches Interesse an ihr und ihren Gefühlen hatten. Sie stellte fest, daß die Eltern am zufriedensten mit ihr waren, wenn sie wortlos und regungslos in einer Ecke saß und keine Ansprüche stellte. Rita resignierte an ihren kindlichen Bedürfnissen nach Lebendigkeit von Körper und Seele und nach Nähe zu den Eltern.

Da sie sich schon in frühem Alter nicht so verhielt wie Kinder ihres Alters, wurde sie von anderen Kindern abgelehnt. Zu der Ablehnung durch die Eltern kam nun also noch eine weitere hinzu, und Rita baute den Staudamm immer höher, bis sie schließlich nichts mehr fühlte und auch keine Bedürfnisse nach Nähe und Austausch mit anderen mehr verspürte.

Übrig blieb nur noch eine Ahnung bei Rita, daß alles eigentlich ganz anders sein könnte, sie wußte aber nicht, wie es sein sollte und wie sie dahin gelangen könnte. Als ich sie frage, was hinter dem Staudamm sein könnte, beschreibt sie viele Gefühle, wie sie jeder Mensch haben kann. Es ist dann jedoch noch ein langer und mühsamer Prozeß für Rita, bis der Staudamm kleiner wird und Lücken bekommt, durch die die Gefühle fließen und dann wahrgenommen werden können. Rita muß zunächst die Situationen mit ihren Eltern verarbeiten, bis sie nach vielen Monaten dann in der Lage ist, sich an Gewalterlebnisse mit dem Onkel zu erinnern.

Bevor die konkreten Erinnerungen zugänglich werden, tauchen eine Zeitlang schon symbolische Bilder auf wie Geister und Fratzen, die Rita Angst machen und die für die Bedrohung in den Gewaltsituationen stehen.

Die schon völlig resignierte und verschüchterte Rita war dem Onkel ein willkommenes und gutes Opfer gewesen. Rita hatte schon so resigniert, daß das gewaltsame Verhalten des Onkels kaum noch spürbar für sie war und im übrigen dem Verhalten von Eltern und Gleichaltrigen entsprach, die sie ja auch abgelehnt und schlecht behandelt hatten. Rita hielt zum Zeitpunkt des sexuellen Mißbrauchs im Alter von etwa vier Jahren schon keinen positiven Umgang mit sich selbst mehr für möglich.

Fallbeispiel für das Ausagieren von Aggressionen

Die siebenunddreißigjährige Maria kommt mit zahlreichen psychosomatischen Beschwerden und mit Problemen im Umgang mit anderen, insbesondere mit Männern, in die Psychotherapie.

Als ich sie im Zusammenhang mit der Anamnese nach Erfahrungen mit sexueller Gewalt frage, zeigt sie sich unsicher und möchte wissen, wie sexueller Mißbrauch definiert ist. Sie erzählt dann, daß der Vater jeden Sonntag im alkoholisierten Zustand versucht habe, sie zu küssen. Dasselbe habe er mit ihrer Schwester versucht. Sie habe sich immer davor geekelt und sei dem Vater möglichst aus dem Wege gegangen. Und dann habe der ältere Bruder sie oft zu sich ins Bett geholt und sie in der Genitalregion gestreichelt. Sie sei auch zu ihm hingegangen, denn er habe sie als einziger in den Arm genommen, und bei ihm im Bett sei es warm gewesen. Sie schämt sich für ihr Verhalten, und sie braucht eine Zeitlang, um Verständnis für ihre Reaktionen aufbauen zu können.

Langsam kann sie sich als Kind verstehen, das von den Eltern nicht mehr gewollt war und dem dieses auch mehrmals am Tage deutlich gesagt wurde. Sie hat als Kind die einzige Form von Nähe gesucht, die sie überhaupt bekommen konnte und dabei den sexuellen Mißbrauch durch den Bruder in Kauf genommen.

Maria begreift zunehmend die Zusammenhänge des sexuellen Mißbrauchs. Eines Tages ist sie schockiert und verstört und sagt, dann habe sie ihren ältesten Sohn wohl auch mißbraucht, denn sie habe ihn als Baby heftig an sich gedrückt, und dabei habe sie sexuelle Empfindungen gehabt.

Maria spürt ihr Fehlverhalten und fühlt sich schuldig. Mit Hilfe und Unterstützung lernt sie ihr Verhalten zu verstehen und sich selbst zu verzeihen. Nach einiger Zeit ist sie in der Lage, mit ihrem bereits erwachsenen Sohn darüber zu sprechen und ihn um Verzeihung zu bitten.

Fallbeispiel für Autoaggressionen

Die dreiundzwanzigjährige Silvia kommt mit massiven Erscheinungen in die Psychotherapie: Ängste, Borderline-Syndrom, ehemals medikamenten- und alkoholabhängig, zahlreiche Suizidversuche, Suizidgedanken, Verkrampfungen der gesamten Körpermuskulatur bis hin zu zeitweiligen Lähmungserscheinungen, Erstickungsgefühle, häufige genitale Blutungen, Magersucht, Schlafstörungen und Autoaggressionen. Dabei sind hier nur die gravierensten und augenfälligsten Erscheinungen genannt.

Silvia ist das sechste Kind aus der Ehe der Eltern. Der Vater ist Alkoholiker, die Mutter Analphabetin. Beide Eltern leben jeweils in zweiter Ehe zusammen. Aus den ersten Ehen gibt es noch zahlreiche Halbgeschwister, die Silvia nicht kennt. Die ihr bekannten Geschwister sind alle geistig oder lernbehindert. Sie selbst galt – wohl infolge der schon in der Kindheit massiven Verhaltensauffälligkeiten – ebenfalls als behindert bis zum Zeitpunkt des Schultests, der eine normale Intelligenz erbrachte.

Silvia lebte vom Alter von viereinhalb Jahren an bei Pflegeeltern, mußte die leiblichen Eltern aber trotz ihres Protestes immer wieder besuchen. In ihrer Jugend verbrachte sie insgesamt sieben Jahre wech-

selweise in der Psychiatrie und in Kliniken zum Alkohol- und Medikamentenentzug. Silvia lebte dann knapp zwei Jahre in einer betreuten Wohngruppe für psychiatrisch auffällige Jugendliche. Inzwischen lebt sie in einer mobil betreuten Wohnung weitgehend selbständig.

An dieser Stelle soll zunächst auf Silvias autoaggressives Verhalten eingegangen werden. Silvia schälte sich zeitweilig die oberen Hautschichten an den Armen mit einem Messer ab. Sie hat die ihrem Verhalten und ihren Problemen zugrundeliegenden Situationen – soweit diese entwicklungsmäßig ihrer bewußten Erinnerung zugänglich sind – erstaunlicherweise nicht verdrängt, sondern die Bilder und Erinnerungen quälen sie ständig, insbesondere nachts. In den Zeiten ihres Alkohol- und Medikamentenmißbrauchs versuchte sie sich zu betäuben, um zumindest vorübergehend die Gewalterlebnisse nicht bewußt wahrnehmen und erinnern zu müssen.

Silvia weiß selbst noch genau, wann sie mit dem autoaggressiven Verhalten begonnen hat. Der Vater zwang sie, mehrmals täglich Gewalt- und Horrorpornofilme mit ihr anzusehen und führte dort dargestellte Szenen tatsächlich mit ihr durch. Unter anderem schälte er die oberen Hautschichten ihres Körpers mit einem Messer ab. Da er Silvia ständig drohte, sie umzubringen, falls sie jemandem von dem sexuellen Mißbrauch erzählte, hatte Silvia Angst, jemand könne die Hautverletzungen sehen und nach deren Ursache fragen. Also begann sie selbst, die Haut abzuschälen und sagte anderen Personen bei Fragen nach der Ursache von Hautverletzungen, sie habe sich diese selbst zugefügt. Silvia benötigt die Autoaggressionen nicht, um sich selbst spüren zu können. Seitdem sie keine Medikamente und keinen Alkohol mehr benutzt, um sich zu betäuben, spürt sie sich und alle erlittenen Verletzungen, jeden Tag, jede Nacht.

Zeitweilig hat sie die Autoaggressionen dazu verwendet, um mit dem körperlichen Schmerz den seelischen zu überdecken. Als einen Versuch, Kontrolle über Anfang und Ende von Schmerzen zu erlangen, mag sie die Autoaggressionen auch hin und wieder benutzt haben.

Fallbeispiel für Delinquenz

Die achtundfünfzigjährige Grethe kommt auf Anraten ihres Rechtsanwaltes in die Psychotherapie. Der Anwalt hat den Eindruck gewonnen, daß die Diebstähle, die Grethe ausführt, nicht zu ihrer Bereicherung stattfinden. Sie stiehlt Dinge, die sie nicht gebrauchen kann und nimmt auch wertloses Zeug mit. Außerdem verhält sie sich bei den Diebstählen merkwürdig auffällig, so daß sie jedes Mal ergriffen und angezeigt wird.

Grethe ist über die Diebstähle zerknirscht und verstört und weint heftig. Sie sagt, sie wolle nicht stehlen, es komme dann etwas über sie, und dann wisse sie selbst nicht mehr so genau, was geschehe. Plötzlich sei sie außerhalb des Kaufhauses, habe irgendetwas bei sich, und schon sei ein Detektiv bei ihr und nehme sie mit.

Grethe leidet weiterhin an starker Migräne, körperlichen Verspannungen und Schlafstörungen.

Bei der Anamneseerhebung zeigt sich, daß Grethe im Alter von etwa zwölf Jahren bewußt von der Mutter mit unerheblichen Aufträgen zu einem Bekannten geschickt wurde, der sie bei diesen Gelegenheiten regelmäßig sexuell mißbrauchte. Zeitweilig wurde sie auch in der Wohnung der Mutter von diesem Mann im Beisein der Mutter mißbraucht.

Grethe heiratete einen Mann, der nur so lange liebevoll zu ihr war, bis sie verheiratet waren. Danach schlug und vergewaltigte er sie. Er gab ihr kaum genug Geld zum Leben, sie konnte manchmal nicht einmal das Nötigste für die Kinder kaufen. Für sie selbst blieb nie etwas übrig.

Im Gespräch mit der rechten Hand, die die Diebstähle ausführte, zeigt sich, daß die Hand Grethe zu den Dingen verhalf, die sie sonst nicht bekam. Die Diebstähle haben begonnen mit einem Ring, der Grethe gut gefiel und den sie niemals hätte kaufen können. Niemand bemerkte, daß sie ihn am Finger hatte, als sie das Kaufhaus verließ. Daraufhin stahl Grethe alles für die Kinder, was sie ihnen nicht kaufen konnte.

Mit Unterstützung der jüngsten Tochter verließ Grethe schließlich ihren gewaltsamen Mann, als die Kinder schon erwachsen waren, und begann eine Ausbildung als Altenpflegerin. Bald entwickelte sich eine Beziehung zu einem anderen Mann, der Grethe liebevoller behandelte. Grethe heiratete ihn nicht, möglicherweise aus Angst, auch dieser Mann könne nach einer Heirat genauso gewaltsam werden wie der Ehemann. Grethe ließ sich von diesem Mann jedoch auf andere Weise ausbeuten, führte seinen Haushalt, gab ihm Geld und widersprach ihm kaum. Als sie in die Psychotherapie kam, hatte sie sich gerade dazu entschlossen, in eine eigene Wohnung zu ziehen, um dadurch die Möglichkeit zu haben, sich zeitweilig vom Freund zurückzuziehen.

Als Grethe die Zusammenhänge zwischen den Diebstählen und ihren gewaltsamen Erlebnissen allmählich verstand und durch das Gespräch mit der Hand auch emotional bearbeitet hatte, traten umgehend keine Diebstähle mehr auf. Sie brauchte jedoch eine lange Zeit, um Verständnis und Mitgefühl für sich selbst zu entwickeln statt sich selbst Vorwürfe zu machen und sich abzulehnen.

Bei der weiteren therapeutischen Arbeit verstand Grethe allmählich auch, daß die Diebstähle immer in Situationen geschehen waren, in denen sie stark unter Druck stand und nicht die Zuwendung bekam, die sie brauchte. Der Druck wurde auch deutlich in den Migräneanfällen, die den Diebstählen regelmäßig vorangingen. Zuvor hatte Grethe jedes Mal Situationen erlebt, in denen ihr Unrecht zugefügt wurde und sie sich nicht zur Wehr setzen konnte. Sie fühlte sich nach solchen Ereignissen, die sie im Gefühl an die früher erlebten Gewaltsituationen erinnerten, wie benommen und ging in das nächstbeste Kaufhaus.

Beim Durchspielen einer solchen Diebstahlssituation spürt sie in dem Moment den Satz in sich „her damit!“, die Hand greift nach dem nächsten Gegenstand, und Grethe läuft aus dem Kaufhaus. Während des Diebstahls hat sie immer nach unten gesehen, um niemanden um sich herum zu sehen. Sie ist in einer unbewußten kindlichen Denkweise davon ausgegangen, daß niemand sie sehen kann, wenn sie niemanden sieht. Als sie dieses beim Wiedererleben der Situation feststellt, ist sie entsetzt darüber, daß sie unbewußt so gedacht hat und dieses Denken ihr die Möglichkeit vorgegaukelt hatte, sich auf diese Weise für das vorher an ihr begangene Unrecht rächen zu können. Sie begreift schnell, daß sie natürlich von allen Personen gesehen wird, die sich in ihrer Nähe aufhalten. Von jetzt an nimmt sie ihre Umwelt wesentlich bewußter wahr. Sie sieht nicht mehr ständig auf den Boden, sondern hebt ihren Kopf. Dadurch registriert sie bewußt, wen sie sieht und wer sie sieht. Mit den offenen Augen für die Welt entsteht weiterhin viel leichter Kontakt zu anderen Menschen, was Grethe gut tut.

In einer weiteren Sitzung durchlebt sie die Diebstahlssituation noch einmal im Hinblick auf ihr auffälliges Verhalten und stellt fest, daß sie sich so auffällig verhielt, weil sie erwischt und bestraft werden wollte. Im Unterbewußtsein spürte sie in der Situation, daß es nicht richtig war, was sie tat.

Grethe achtet inzwischen wesentlich bewußter auf ihr Verhalten. In vielen Rollenspielen hat sie geübt, sich in allen möglichen Situationen zu wehren. Die Wehrhaftigkeit zeigt sich zunehmend auch im Alltag. Grethe hat die Beziehung zum Freund verändert und gestaltet diese so für sich, daß sie keinen Drucksituationen mehr ausgesetzt ist. Sie macht dem Freund den Haushalt nicht mehr, gibt ihm kein Geld und wider-

spricht ihm, wann immer sie mit seinen Worten nicht einverstanden ist. Wenn sie ihn nicht sehen möchte, sagt sie ihm dies direkt und schickt ihn abends nach Besuchen auch nach Hause, wenn sie anschließend allein sein möchte.

Grethe hat gelernt, daß sie sich in allen Situationen, in denen sie sich gewaltsam und ungerecht behandelt fühlt, wehren muß, um die durch die Situationen entstehenden Aggressionen in Gegenwehr umzusetzen, die sich direkt gegen den Angreifer richtet. Auf diese Weise ist sie nicht mehr darauf angewiesen, entstehende Spannungen indirekt in Form von Diebstählen auszuagieren. Sie kann Wünsche und Bedürfnisse direkt ausdrücken und sich um die Zuwendung anderer bemühen, die ihr aufgrund ihrer liebenswürdigen Art meistens gern gegeben wird. Auch hierfür benötigt sie die Diebstähle nicht mehr.

Grethe ist eine Frau, die viele Konflikte mit dem Gesetz hatte und die viel konkrete Unterstützung in den laufenden Gerichtsverfahren benötigt. Sie ist inzwischen so selbstbewußt, so „ihrer selbst bewußt geworden", daß sie diese Hilfe auch annehmen kann, ohne sich schlecht oder schuldig zu fühlen.

10. Umgang mit dem Körper

Die Entstehung der Körperreaktionen und Umgangsweisen

Entstehung der Körperreaktionen

Beim Erleben sexueller Gewalt ist der Körper der Frau direkt betroffen. Die körperlichen und sexuellen Grenzen werden durchbrochen, die Gewalt wird den Körperregionen angetan, die der Täter zum Ausagieren seiner gewaltsamen Sexualität benutzt, im wahrsten Sinne des Wortes „benutzt". Die betroffenen Körperregionen müssen Gewalt und Verletzungen ertragen. Jeder Körperteil, den der Täter mit sexueller Absicht ansieht oder berührt, reagiert. Die Körperregionen reagieren nicht nur bei Berührungen, sondern auch auf Blicke des Täters mit sexueller Absicht oder auch schon auf eine sexualisierte Atmosphäre.

In den betroffenen Körperregionen entstehen immer körperliche Anspannungen, um die erlittene Gewalt weniger spürbar zu machen. Diese Anspannungen bleiben in der Körperregion bestehen, auch wenn die Gewaltsituation beendet wird. Wenn die sexuelle Gewalt in der Genitalregion ausgeübt wird in Form von Berührungen, Reiben oder Penetration, reagiert der gesamte Unterleib. Die Genitalregion einschließlich der inneren Organe wie Blase, Uterus, Eierstöcke, Eileiter und Darm spannen sich an. Die Anspannungen führen zu Unterleibsschmerzen, Blasenentzündungen, Infektionen der Fortpflanzungsorgane, Pilzerkrankungen, Menstruationsproblemen und Blutungen. Die Organe können nicht mehr arbeiten wie gewohnt, sondern sind durch die Anspannungen behindert, schlechter durchblutet und weniger mit Sauerstoff und Nährwerten versorgt und daher anfälliger für bakterielle Infektionen und Fehlfunktionen.

Durch die sexuelle Gewalt wird die Frau auch in ihrer Weiblichkeit zum Opfer, und sie will keine Frau mehr sein, will keine weiblichen Genitalien mehr, keine Blutungen, keine Fruchtbarkeit. Sie hat das Gefühl, diese Gewalt wäre ihr nicht geschehen, wenn sie keine Frau wäre – und hat damit auch ein Stück weit recht, denn sexuelle Gewalt richtet sich weitaus weniger gegen Jungen als gegen Mädchen. Mit dieser Ablehnung ihrer Weiblichkeit gegenüber verstärkt sie selbst die schon entstandenen Anspannungen.

Diese ablehnende Haltung dem eigenen weiblichen Körper gegenüber kann zu Selbstzerstörungswünschen in Form von Autoaggressionen führen. So kann die Frau sich selbst beispielsweise in der Genitalregion verletzen. Eine häufige Folgeerscheinung ist der unbewußte Wunsch, die Weiblichkeit durch ein Ausbleiben der Menstruation auszuschalten, und ein oft dazu verwendetes Mittel dazu ist die Magersucht, die zur Unterernährung und in der Folge zu einem Ausbleiben der Regelblutung führt.

Eine weitere Reaktion auf die gewaltsame Behandlung von Körperregionen kann auch sein, daß die Frau keinerlei Berührungen in diesem Bereich oder am gesamten Körper mehr zuläßt. Sie weigert sich beispielsweise, sich von einem Gynäkologen [16] oder auch einer Gynäkologin untersuchen zu lassen. Wenn eine solche Untersuchung nicht möglich ist, können Krankheiten in dieser Körperregion nicht ärztlich behandelt werden, und eine Krankheit kann chronisch werden.

Die gesamte Haut kann „allergisch auf Berührungen“ reagieren und eine Hautkrankheit entwickeln. Die Hautkrankheit hält andere Personen auf Distanz, und die Frau fühlt sich unter Umständen unattraktiver und glaubt unbewußt, damit weniger schnell erneut das Opfer des Täters oder eines anderen Täters werden zu können.

Wenn die sexuelle Gewalt oral ausgeübt wurde, reagiert die gesamte Mund-, Kinn- und Wangenregion mit Anspannungen. Die Frau mag Küsse als eklig erleben und ablehnen und möchte keine Berührungen eines anderen in diesem Bereich ihres Körpers. Die körperliche Anspannung dehnt sich meistens auf die Atemorgane, die Speiseröhre und den Magen aus. Der Penis im Mund der Frau, den diese nicht entfernen konnte, führt zu Erstickungsängsten und Übelkeit, insbesondere wenn der Täter in den Mund der Frau ejakuliert und die Frau gezwungen hat, das Sperma zu schlucken.

Die Verspannungen in den betroffenen Körperregionen können auch zu einem Gefühl von Taubheit führen, die Frau spürt ihren Körper an diesen Stellen nicht mehr. Es ist, als gehörten diese Körperregionen nicht mehr zu ihr. Um die sexuelle Gewalt dort überhaupt ertragen zu können, hat sie die innere Verbindung zu diesen Körperbereichen abgebrochen. Dann ist es so, als geschehe die Gewalt nicht ihr, sondern jemand oder etwas anderem. Die Unterbrechung des emotionalen und oft auch sensorischen Kontaktes zu diesen Körperregionen bleibt bestehen.

Auch andere Körperregionen sind beim Erleben sexueller Gewalt einbezogen: die Arme, die festgehalten wurden und sich nicht wehren konnten, die Beine, die zusammengepreßt wurden, um die Genitalregion zu schützen, der Kopf und Nacken, die beim oralen Mißbrauch festgehalten wurden, die Atmung, die aus Angst stockte. Es gibt beliebige weitere Beispiele, je nach der konkreten Situation der erlebten sexuellen Gewalt.

Entstehung der Umgangsweisen

In der Folge der sexuellen Gewalt lehnt die Frau ihren eigenen Körper ab. Sie fühlt sich beschmutzt, besudelt und entwertet. Sie wertet sich selbst ab und bestraft sich für das Erlebte, indem sie sich aktiv mit Autoaggressionen quält oder ihren Körper vernachlässigt. Sie ekelt sich vor sich selbst und behandelt sich wie einen Menschen, vor dem sie sich ekelt. Sie wäscht sich möglicherweise nicht mehr und kümmert sich weder um ihr Äußeres noch um ihre körperliche Gesundheit. Wenn der Körper Krankheitssignale setzt, kümmert sie sich nicht darum.

Diese Ablehnung des eigenen Körpers kann auch zur Prostitution führen. Sie verkauft den Körper, der nun benutzt werden kann als etwas, das nichts mehr wert ist und seine Würde verloren hat. Eine Prostituierte mag dabei denken, sie sei die Mächtige und triumphiere über die Männer. Sie verachtet sie und nimmt ihnen ihr Geld ab. Dabei spürt sie nicht mehr, daß sie dabei im Grunde wieder das Opfer ist und von Männern benutzt wird, die ihre Spannungen und Probleme bei ihr abladen. Sie macht sich in der Wiederholung der erlebten sexuellen Gewalt selbst zum Opfer.

Die Ablehnung dem eigenen Körper gegenüber kann so weit führen, daß die Frau ihn ganz zerstören will und Suizid verübt, um ihren Körper nicht mehr ertragen zu müssen.

Aus dem Ekel vor Berührungen kann die Frau Mechanismen entwickeln, um Berührungen zu vermeiden und sich unattraktiv zu machen. Ein Beispiel dafür ist die Vernachlässigung der Hygiene, die auch den Zweck erfüllen soll, unangenehm zu riechen und Täter damit abzuschrecken. Oder die Frau versucht, ihre weiblichen Formen zu verwischen durch Abmagern oder eine dicke Fettschicht.

Eine weitere Umgangsweise kann darin bestehen, den Körper von Beschmutzungen durch die sexuelle Gewalt zu reinigen. Diese Bemühung kann sich äußern in exzessivem Waschen bis hin zu einem Waschzwang.

Oder die Frau erbricht sich ständig in einem unbewußten Versuch, das heruntergeschluckte Ejakulat wieder herauszubringen.

Geschlucktes Ejakulat erschwert die Nahrungsaufnahme ganz erheblich, da jedes Nahrungsmittel als ekelhaft erlebt werden kann und die Frau es ablehnt, noch überhaupt etwas durch Mund und Speiseröhre in den Körper aufzunehmen. Sie bemüht sich dann, jede Nahrungsaufnahme zu vermeiden, und ein anorektisches Verhalten entsteht.

Analer Mißbrauch führt infolge der Anspannungen der Afterregion und des Darms zu Verdauungsstörungen, meistens zu Verstopfungen. Die Frau kann es unbewußt nicht mehr ertragen, daß irgendetwas durch die Afteröffnung hereinkommt oder den Körper verläßt. Sie verschließt den After mit den Anspannungen in beide Richtungen.

Symptomatik

Die Symptome wurden weiter oben schon beschrieben im Zusammenhang mit ihrer Entstehungsweise. Sie seien deshalb nur noch einmal kurz zusammengefaßt: Verspannungen in allen betroffenen Körperregionen, Lähmungserscheinungen, Infektionen der Fortpflanzungsorgane, Blasenentzündungen, Pilzerkrankungen, Verdauungsstörungen, Blutungen, Menstruationsstörungen, Magersucht, Eßsucht, Autoaggressionen, Hautreaktionen, Erstickungsängste, Essensverweigerung, Waschzwang, Vernachlässigung der Hygiene, Prostitution, Suizid.

Therapieziele

Ziel der therapeutischen Arbeit ist es, die den körperlichen Reaktionen und den Umgangsweisen der Frau zugrundeliegenden gewaltsamen Erlebnisse so aufzuarbeiten, daß die die Symptome verursachenden Spannungen beseitigt werden können. Hierbei sind bei der Reorganisation körperliche Abwehrreaktionen von großer Bedeutung, um die Spannungen zu lockern. Die Muskeln werden dabei so verwendet wie es in der Gewaltsituation zum Abwehren des Täters notwendig gewesen wäre. Der konstruktive und hilfreiche Gebrauch der Körperregionen ist also ein weiteres wichtiges Ziel, um dadurch die Anspannungen abzubauen.

Indem die Frau ihre Umgangsweisen mit sich selbst nachvollziehen und verstehen kann, warum sie so mit sich umgeht, kann sie ihre Überlebensstrategien allmählich abbauen. Besonders wenn sie erkennt, daß die von ihr aufgebauten Spannungen zum Schutze des Körpers gedient haben und sie sich jetzt viel effektiver wehren kann, benötigt sie die alten Reaktionsweisen nicht mehr.

Mit dem Nachlassen der körperlichen Anspannungen entsteht allmählich auch eine Beseitigung der daraus entstandenen Anfälligkeiten und eine langsame Heilung der in der Folge entwickelten Krankheiten. Wenn die Organe und Muskeln sich entspannen, werden sie wieder besser durchblutet, und ein Heilungsprozeß wird leichter. Anfälligkeiten für Infektionen und Pilzerkrankheiten lassen ebenfalls infolge besserer Durchblutung nach.

Die Frau soll lernen, nicht ihrem Körper die Schuld für die erlebte Gewalt zu geben, sondern der Tat. Damit lernt sie, ihren Körper als Opfer zu begreifen, als etwas Verletztes, das Hilfe und Versorgung benötigt statt Ablehnung und Haß. Damit kann die Frau Autoaggressionen und Selbstzerstörungstendenzen jeglicher Form beenden.

Wenn die Frau eine angemessene Wehrfähigkeit erlernt hat, benötigt sie all die indirekten Schutzmechanismen nicht mehr, die ihren Körper unattraktiv machen sollten wie Magersucht, Eßsucht, Vernachlässigung der Hygiene, Hautreaktionen und ähnliche. Erstickungsängste und Probleme mit der Nahrungsaufnahme lassen ebenfalls nach, wenn die Frau weiß, daß sie selbst darüber bestimmen kann, was in ihren Körper hereinkommen darf und was sie in ihn hereinlassen will. Sie weiß, daß sie sich gegen erneute Gewalt in Form eines Penis und von Ejakulat in Mund, Speiseröhre und Magen wehren kann und dieses nicht wieder zulassen muß.

Die therapeutische Arbeit mit den Körperreaktionen und den Umgangsweisen der Frau

Der Inhalt der therapeutischen Arbeit besteht – wie bei allen bisherigen Folgeerscheinungen – wiederum darin, den Ursprung und die auslösende Situation für die Körperreaktionen und Umgangsweisen der Frau mit sich selbst zu finden. Die auslösende Situation wird mit körpertherapeutischen Techniken wiedererlebt und in der Reorganisation und den daraus resultierenden alternativen Umgangsweisen mit dem Körper verarbeitet. Indem die Frau wieder Kontakt zu ihrem gequälten Körper aufnimmt, lernt sie allmählich, wie sie besser mit ihm umgehen kann. Die Verarbeitung der sexuellen Gewalterlebnisse ermöglicht es der Frau, ihren Körper zu entspannen, sich als Frau mit ihrem Körper zu akzeptieren und positiv mit sich umzugehen.

Fallbeispiele

Fallbeispiel für Erstickungsängste

Silvia leidet zeitweilig an massiven Erstickungsängsten. Der Vater hat sie oft oral mißbraucht und in ihren Mund ejakuliert. Es interessierte ihn nicht, ob Silvia überhaupt Luft holen konnte oder nicht. Weiterhin hielt er ihr die Kehle zu, bis sie blau anlief, bevor er sie wieder atmen ließ. Der Vater hatte eine unendliche Phantasie, was Grausamkeit, Sadismus und sexuelle Gewalt angeht. Er kannte aber offensichtlich die Grenze, die er einhalten mußte, damit Silvia nicht starb und er keine Strafverfolgung riskierte.

Fallbeispiel für Nahrungsverweigerung

Silvia mußte das Ejakulat des Vaters so oft schlucken, daß der Ekel davor sich zeitweilig auf alles ausdehnt, was durch den Mund in den Körper hinein und die Speiseröhre hinab soll, eben auch Nahrungsmittel. Beim Essen fällt es Silvia zeitweilig sehr schwer, sich auf die Nahrungsmittel zu konzentrieren, sondern sie fühlt immer wieder den Penis und das Sperma. Es wird noch ein wichtiger Prozeß darin bestehen, in der therapeutischen Arbeit ein effektives Wehren gegen den Vater zu entwickeln. Silvia kann sich inzwischen schon mit Worten gegen den Vater wehren. Ist sie auch zu einer Reorganisation in Form von körperlichem Wehren in der Lage, werden zahlreiche ihrer Körperverspannungen allmählich nachlassen. Zur Zeit ist Silvia noch vollauf damit beschäftigt, ihre vielzähligen körperlichen Reaktionen ihren Erlebnissen zuzuordnen und verstehen zu lernen, warum sie so reagiert. Eine intensivere therapeutische Arbeit muß weiterhin noch vorsichtig gehandhabt werden, da Sivias Angst sehr groß und teilweise frei flottierend ist.

Fallbeispiel für Störungen der Fortpflanzungsorgane

Sobald Silvia an Mißbrauchserlebnisse denken muß, insbesondere an die, in die ihr Bauch einbezogen war, bekommt sie Unterleibsschmerzen. Plötzlich treten auch massive Blutungen auf, für die die Gynäkologin keine organische Ursache finden konnte. Auch Pilzinfektionen und Blasenentzündungen kennt Silvia. Der Vater hat Silvias Haut auch am Bauch abgeschält, was sie nur ertragen konnte, indem sie jedes Gefühl zum Bauch abschnitt. Wenn sie in der Bauchregion etwas fühlen kann, sind es Schmerzen. Silvia versucht inzwischen schon, den Bauch gut zu versorgen, indem sie eine Wärmflasche darauf legt, damit der Bauch sich etwas entspannen kann. Auch warme Duschen und heiße Bäder benutzt sie schon zu diesem Zweck. Zu Beginn war dies sehr mühsam für Silvia, weil sie es nicht ertragen konnte, positiv mit ihrem Körper umzugehen, den sie heftig ablehnte. Allmählich beginnt sie, einen positiveren Kontakt zu manchen Körperregionen zu finden und diese besser zu behandeln.

Der Besuch bei der Gynäkologin war schwer für Silvia. Sie hätte ihren Termin am liebsten nicht wahrgenommen. Als sie nach einem Gespräch jedoch für sich selbst die Möglichkeit sah, immer noch frei wählen zu können, ob sie sich untersuchen lassen möchte oder nicht und daß die Entscheidung über ihren Körper jetzt immer nur bei ihr selbst liegt, konnte sie sich dann doch zu der Untersuchung entschließen. Wichtig ist es für Frauen wie Silvia, einfühlsame Gynäkologinnen zu finden, die diese Entscheidungsfreiheit mit viel Geduld respektieren können und die Frau nicht drängen.

Fallbeispiel für Verspannungen und Lähmungserscheinungen

Silvia wurde regelmäßig vom Vater gefesselt und festgebunden. Sie konnte sich nicht wehren. Sie konnte auch nicht weinen oder schreien, da der Vater jede Gefühlsäußerung sofort mit harten Schlägen beantwortete.

Sobald Silvia sich an solche Situationen erinnert, ziehen sich Arme und Hände krampfartig zusammen und sehen so aus, als seien es Arme und Hände einer Spastikerin. Silvia krampft die Hände auch dann unge-

steuert zusammen, wenn sie sich daran erinnert, daß sie mit ihnen den Penis des Vaters und vieler anderer Männer halten mußte, um diese zu befriedigen. Sie spürt dann alle Penisse in den Händen, und eine Verkrampfung ist die Folge. Silvias Unterleibsbeschwerden sind die Folge aller Anspannungen in dieser Körperregion. Silvia wurde vergewaltigt und durch das Abschälen der Haut am Bauch auch körperlich verletzt. Alle Muskeln und Organe der Bauchregion sind infolge aller Gewalterlebnisse chronisch verspannt.

Silvias Beine sind zeitweilig ebenfalls verkrampft, und zwar so weit, daß sie nicht mehr laufen und sich nur noch mühsam an Krücken fortbewegen kann. Die Anspannung in den Beinen war ein Versuch Silvias, ihre Genitalregion zu schützen, indem sie die Beine zusammenpreßte. Der Vater riß ihre Beine dann gewaltsam auseinander, auch schon im frühesten Kindesalter.

Solange diese Gewalterlebnisse noch unverarbeitet sind, löst jede Erinnerung an die auslösenden Situationen sowie jede aktuelle Situation, die den früheren Erlebnissen auch nur annähernd ähnlich ist, die Verspannungen wieder aus.

Es ist sehr schwer für Silvia, all diese körperlichen Reaktionen und Schmerzen zu ertragen und darauf zu hoffen, daß es mit zunehmendem Therapieprozeß immer mehr Besserungen geben wird.

Fallbeispiel für Hautreaktionen

Gabriele wurde im Alter von sechs Jahren von ihrer Großmutter sexuell mißbraucht. Sie kann sich noch deutlich daran erinnern. In diesem Alter begannen auch allergische Reaktionen der Haut in Form von Ekzemen. In der therapeutischen Arbeit an der Ursache der Ekzeme spürt Gabriele, daß sie sich als Kind mit der Krankheit unbewußt ein „dickes Fell" zulegen wollte. In der Erinnerung an die Kindheitssituation spürt sie eine riesige Haut um sich und fühlt sich darin ganz klein. Beim Wiedererleben dieser Situation fühlt Gabriele deutlich, daß die Hautkrankheit kein dickes Fell herstellen konnte. Es war der hilflose Versuch eines Kindes, sich gegen die sexuellen Übergriffe zu schützen. Heute braucht sie das dicke Fell nicht mehr.

Fallbeispiel für Suizidversuche

Die neunzehnjährige Yvonne wurde von ihrem Vater jahrelang sexuell mißbraucht. Die Mutter wußte davon und nahm teilweise an den Mißbrauchssituationen aktiv teil. Als Yvonne versuchte, sich zu wehren, hetzte der Vater seine abgerichteten Hunde auf sie. Yvonne erlitt schwere Verletzungen.

In der Jugend hat Yvonne zahllos oft versucht, sich das Leben zu nehmen, da sie keine Möglichkeit sah, dem Vater zu entkommen. Sie wollte sich meistens die Pulsadern aufschneiden, wozu sie eigentlich auch in der Lage gewesen wäre, da sie sich in autoaggressiver Weise mit Messern häufig selbst Wunden zufügte. Vor den Suizidversuchen nahm sie jeweils Alkohol und Medikamente zu sich und war dann so betäubt, daß sie nicht mehr in der Lage war, sich die Pulsadern aufzuschneiden. Damals wünschte Yvonne sich nichts mehr, als ihr Leben zu beenden, um die seelischen Schmerzen und Qualen nicht mehr spüren zu müssen. Sie konnte ihren eigenen Körper nicht ertragen und wollte ihn vernichten. Dazu kam, daß niemand ihr glaubte oder half und sie sich selbst nicht mehr glauben konnte. Sie lehnte sich vollständig ab.

Heute ist Yvonne froh, daß die Suizidverssuche mißlungen sind, weil sie einen Weg vor sich sieht, auf dem sie – zwar mit unendlich viel Mühe und Schmerzen – ihre Gewalterlebnisse verarbeiten kann. Sie sieht eine Chance, in der Zukunft ein weitgehend beschwerdefreies und vor allem selbstbestimmtes Leben zu führen. Es gab auch immer wieder Zeiten, in denen Yvonne an der Möglichkeit einer Verbesserung zweifelte und den Sinn der gesamten Therapie in Frage stellte. Dann tauchten wieder Suizidgedanken auf. Es ist aber noch nicht wieder zu einem Suizidversuch gekommen.

11. Suchtverhalten als Folgeerscheinung

Entstehung von Suchtverhalten

Suchtverhalten ist eine Überlebensstrategie wie jede andere Folgeerscheinung sexuellen Mißbrauchs. Das Suchtmittel wird genommen, um sich zu betäuben, sich zu entspannen und abzulenken. Es dient dazu, das Erlebte und die damit verbundenen unerträglichen Gefühle zu verdrängen.

Nachdem das Suchtmittel genommen wurde, entspannt sich der Körper, bei Alkohol, Essen und bei sedierenden Medikamenten. Nach der Einnahme von Drogen kann es weiterhin zum Entstehen völlig anderer Wahrnehmungen kommen, die von den Gedanken und Gefühlen bezüglich des sexuellen Mißbrauchs wegführen.

Die Wahl der Suchtmittel und die Entstehung von Suchtverhalten überhaupt als gewählte Überlebensstrategie ist wohl eher zufällig und abhängig vom Lebensumfeld der Frau. Alkohol und Essen als Verdrängungsmittel sind gesellschaftlich weit verbreitet und werden viel verwendet. Sobald eine Frau diese Verdrängungsmittel in ihrem näheren Umfeld bei anderen wahrnimmt, liegt es nahe, sie ebenfalls auszuprobieren.

Wird in der Familie regelmäßig Alkohol getrunken, wird die Frau auch irgendwann Alkohol konsumieren und die entspannende und betäubende Wirkung für ihre seelischen Qualen schnell feststellen und dann gezielt anwenden.

Werden Probleme von den Eltern oder einem Elternteil regelmäßig mit Essen beantwortet, kann die Frau schon frühzeitig lernen, in Problemsituationen sofort zum Essen zu greifen, statt nach adäquaten Lösungen für die Probleme zu suchen.

Wirken die Suchtmittel entsprechend, wird die Frau immer wieder zu ihnen greifen, um die hochkommenden belastenden Gefühle und Erinnerungen zu verdrängen.

Die durch Essen oder Alkohol entstehende körperliche Entspannung dient der Beseitigung des Unwohlseins. Der Teil des Nervensystems, der für Entspannung zuständig ist, der sogenannte Parasympathicus, wird aktiviert. Beim Essen erfolgt die Umschaltung des Nervensystems auf den Parasympathicus allein durch den Verdauungsvorgang. Der Körper verdaut die Nahrung und entspannt sich dabei.

Diese körperliche Entspannung entsteht auch nach einem Orgasmus im Rahmen der Sexualität. Möglicherweise hat die Frau über das Ausüben von Sexualität und das Entstehen eines Orgasmus Entspannung erlebt. Um sich zu entspannen und Unangenehmes zu verdrängen, kann die Frau unter Umständen mit der Zeit gezielt die Sexualität einsetzen. Sie mag in jeder Situation, die die belastenden Erinnerungen und Gefühle mobilisieren, zu sexuellem Verhalten greifen, um sich zu entspannen. Ein sexualisiertes Verhalten ist die äußere Erscheinungsform.

Gerade hierbei wird auf fatale Weise deutlich, wie wenig das sexualisierte Verhalten der Frau zu sexuellem Mißbrauch führt – das sogenannte „Lolita-Prinzip" (Rush), sondern daß sexualisiertes Verhalten eine Folgeerscheinung und eine Überlebensstrategie *nach* sexuellem Mißbrauch ist. Sexualität wird beinahe zwanghaft zur Entspannung benutzt und ist damit auch eine Art Suchtverhalten.

Zu Medikamenten wird eine Frau möglicherweise greifen, wenn sie aufgrund anderer Folgeerscheinungen des Mißbrauchs vom Arzt sedierende [23] Medikamente wie Neuroleptika oder Tranquilizer [24] bekommt. Häufig werden Folgeerscheinungen wie Depressionen, Angstsymptome, Borderline-Syndrom sowie auch andere Störungen, die von Fachärzten als „psychiatrisch" klassifiziert werden, nur medikamentös behandelt. Da Fachleute in allen Bereichen insgesamt zu wenig mit der Thematik des sexuellen Mißbrauchs vertraut sind, sind sie nicht immer ausreichend in der Lage, sexuellen Mißbrauch als Ursache von Störungen für möglich zu halten. Wenn ein Symptom nur mit Medikamenten behandelt wird, erreicht man leider nur eine weitere Verdrängung der auslösenden Situationen und Gefühle. Der Frau wird ein Mittel an die Hand gegeben, das ihr wirksam dabei hilft, all das Schreckliche in sich nicht mehr spüren zu müssen. Sie greift immer wieder nach den Medikamenten, um sich zu betäuben, und gerät in eine körperliche Abhängigkeit, z. B. von Tranquilizern, mindestens aber in eine psychische Abhängigkeit von der jederzeitigen Verfügbarkeit des Medikaments.

Die Abhängigkeit von Drogen entsteht eher im Jugendlichenalter und ist verbunden mit dem jeweiligen sozialen Umfeld des Mädchens. Mädchen, die versuchen, aus den Familien und damit den Mißbrauchssituationen zu flüchten, laufen oft von zu Hause weg. Ohne eine Möglichkeit zu schlafen und auf der Straße stehend, werden sie schnell von Drogenabhängigen oder Dealern aufgegriffen, die in den Mädchen willkommene neue Kunden sehen. Die Mädchen sind in ihrer Situation froh über jede Form von Hilfe und suchen nach neuen sozialen Zusammenhängen. Sie sehnen sich nach Geborgenheit und Zugehörigkeit zu einer Gruppe. Oft geraten sie dadurch schnell in Drogenkreise, ohne es bewußt oder rechtzeitig zu bemerken.

Mit dem Weglaufen von zu Hause wollen sich die Mädchen von den Mißbrauchssituationen oder den gesamten Familienverhältnissen distanzieren, suchen „etwas anderes" und sind recht offen für alles, was auf sie zukommt und damit auch für Drogenkreise.

Viele Mädchen schaffen es noch gerade, der Gewalt zu Hause zu entfliehen, haben aber durch ihre Erlebnisse wenig Gespür dafür, was ihnen als Alternative zum Zuhause gut tun könnte. Sie wissen oft gar nicht, wie ein Leben anders aussehen könnte als geprägt von Gewalt verschiedenster Formen. Die in Drogenkreisen herrschende Gewalt kommt ihnen daher nicht unbekannt vor, es ist nichts Neues für sie. Sie haben es gelernt, Gewalt ertragen zu müssen und dulden auf diese gewohnte Weise auch die Gewalt der Drogenkreise.

Die mit Drogenkreisen oft verbundene Prostitution zur Beschaffung von Geld für neue Drogen wird von den Mädchen in Kauf genommen. Sie haben wenig Gefühl für sich selbst, und es macht ihnen nichts aus, ihren Körper zu verkaufen.

Das Hingezogensein sexuell mißbrauchter Mädchen zu Sekten läßt sich auf ähnliche Weise erklären. Hierbei handelt es sich zwar nicht um ein Suchtverhalten, aber durch die Suche des Mädchens nach einem neuen sozialen Umfeld entsteht schnell eine psychische Abhängigkeit von den neuen sozialen Zusammenhängen und ein Akzeptieren der dort ebenfalls herrschenden Gewaltverhältnisse.

Symptomatik

Eine allen Suchtmitteln gemeinsame Symptomatik liegt in der körperlichen und/oder psychischen Abhängigkeit vom jeweiligen Suchtmittel. Die Frau verfügt über keinerlei Kontrolle über ihr Verhalten. Sie ist nicht mehr in der Lage, auf das Suchtmittel zu verzichten, und fast alle oder alle Gedanken kreisen nur um die Beschaffung und Einverleibung des Suchtmittels.

Aus Angst, in ihrer Abhängigkeit in irgendeiner Situation das Suchtmittel nicht zur Verfügung zu haben, legt sie möglicherweise Vorräte an und versteckt das Suchtmittel an für sie zugänglichen Orten.

Symptome für Alkoholismus zeigen sich in aller Deutlichkeit erst im fortgeschrittenen Stadium in Form von Zittern, Hautreaktionen, Unruhe und Delir. Drogenabhängigkeit zeigt sich ebenfalls am gesundheitlichen Zustand, Blässe der Haut, Ausgemergeltsein, unklaren Augen, schlechter Körperkontrolle und mangelnder Abwehrfähigkeit des Körpers. Eine Medikamentenabhängigkeit ist schwer zu erkennen, da die mit den jeweiligen Medikamenten verbundenen Wirkungen und Nebenwirkungen vom verschreibenden Arzt oft nicht mit einer Abhängigkeit in Verbindung gebracht werden. Eine körperliche und psychische Abhängigkeit zeigt sich letztendlich erst beim Versuch, das Medikament abzusetzen.

Eßstörungen in Form von Eßsucht, Eß-Brech-Sucht und Magersucht sind häufige Überlebensstrategien von sexuell mißbrauchten Frauen und sollen etwas intensiver beleuchtet werden. Dieses Suchtverhalten ist in seinen Auswirkungen auf den Körper einer körpertherapeutischen Herangehensweise sehr zugänglich.

Zum einen ist das Essen als Suchtmittel ein unauffälliges Mittel. Essen benötigt der Mensch zum Überleben, und die Tatsache des Essens allein ist kein Suchtverhalten. Jede Frau muß essen, um zu leben, und von außen ist es nicht erkennbar, ob sie aus Hunger ißt oder ob das Essen zur Verdrängung unerträglicher Gefühle dient.

Die eßsüchtige Frau zeigt in Gesellschaft ein normales Eßverhalten und ißt allenfalls etwas weniger als andere. Die Eßsucht zeigt sich in anfallsartigem Essen, bei dem die Frau nicht eher aufhören kann zu essen als bis ihr schlecht ist. Die Frau ißt möglicherweise wahllos alles, was sie im Hause findet. Sie führt die Eßanfälle heimlich aus.

Manche Frauen brauchen für die Eßanfälle insbesondere Süßigkeiten, andere wiederum essen Brot und eher kräftige Lebensmittel. Wenn ein Eßanfall kommt und das bevorzugte Essen der Frau nicht im Hause ist, wird sie auch zu anderen Lebensmitteln greifen.

Beim Vorliegen einer Eß-Brech-Sucht erbricht die Frau die Essensmengen willentlich bald nach dem Essen, um eine Verdauung und damit eine Gewichtszunahme zu vermeiden. Eine eß-brechsüchtige Frau fällt vom äußeren Erscheinungsbild in der Regel nicht auf, und die Eßanfälle wie auch das Übergeben werden heimlich ausgeführt.

Die Beschaffung des Essens als Suchtmittel ist problemlos in jedem Supermarkt möglich. Ist die Frau übergewichtig und hat Angst vor den Blicken anderer für den Fall, daß ihr Einkaufswagen zu voll erscheinen oder zu sehr mit Süßigkeiten gefüllt sein könnte, geht sie mehrmals einkaufen und bleibt auf diese Weise unauffällig.

Bei der Magersucht wird zuwenig Nahrung zu sich genommen, die Frau wird untergewichtig und kann unter Umständen verhungern. Die ständige Unterernährung führt zu einer Umstellung des Organismus auf eine Notsituation wie bei einer Hungersnot. Der Körper reduziert seinen Kalorienbedarf und sendet kaum noch Hungersignale aus. Der Magen ist stark verkleinert, und bei einer ansonsten durchschnittlichen Nahrungsaufnahme entsteht ein Gefühl von Übelkeit. Dieses bringt die Frau bei Versuchen, wieder „normal“ zu essen, schnell wieder dazu, auf ihre niedrigen Essensmengen zurückzugehen.

Übergewicht und auch Untergewicht dienen der Frau dazu, sich unattraktiv zu machen und die sexuelle Identität als Frau zu verbergen.

Mit einer Eßstörung erreicht die Frau viele Ziele gleichzeitig, die ihrer Überlebensstrategie dienlich sind. Daher ist eine Eßstörung auch immer schwer zu behandeln. Die Frau wird diese Überlebensstrategie nicht eher aufgeben, bis sie in allen Bereichen gelernt hat, anders mit ihren Gefühlen und Problemen umzugehen. Erst wenn sie sich in den neuen Umgangsweisen sicher fühlt, in denen das Essen bisher eine wichtige Überlebensstrategie war, wird sie auf das übermäßige Essen oder die Essensverweigerung verzichten können.

Allen Eßstörungen gemeinsam ist der Verlust eines klaren Bewußtseins für die Körpersignale von Hunger und Sättigung, die der Körper normalerweise aussendet. Je mehr Energie und damit Kalorien der Körper verbraucht, desto mehr Hunger signalsiert er. Das Hungersignal führt normalerweise dazu, daß die Frau soviel Nahrung zu sich nimmt wie der Körper benötigt. Danach sendet der Körper das Signal der Sättigung aus, und die Frau würde normalerweise aufhören zu essen.

Diese Signale werden bei einer Eßstörung nicht mehr wahrgenommen, und die Frau ißt in anfallsartiger Form entweder zu viel, oder sie ißt zuwenig.

Die Eßstörungen als Suchtreaktionen sollen im folgenden noch genauer erläutert werden.

Eßsucht und Eß-Brech-Sucht

Die Eßsucht als eine Form von Eßstörung äußert sich, wie schon dargestellt, in anfallsartigem Essen, das die Frau nicht mehr kontrollieren kann. Essen führt generell dazu, daß der Verdauungsprozeß im Körper in Gang gesetzt wird. Mit diesem beginnenden Verdauungsprozeß wird der Parasympathicus des Nervensystems innerviert. Blut wird zum Magen und zu den Eingeweiden geleitet, und es entsteht im gesamten Körper ein Gefühl von Wärme, Wohligkeit und Entspannung. Dieses Gefühl ist besonders spürbar in der Magenregion wegen der vermehrtem Blutzufuhr in diesem Bereich.

Die durch den Verdauungsprozeß eingeleitete Entspannung beseitigt das Gefühl von Anspannung und Unwohlsein, das vor dem Eßanfall die Frau beunruhigt und belastet hat. Sie fühlt sich nun wohl und denkt nicht mehr an die auslösenden Situationen und Gefühle.

Eßanfälle als Verdrängungsmechanismen für Erlebnisse sexueller Gewalt werden höchstwahrscheinlich immer dann erfolgen, wenn die Frau erneut eine Form von Gewalt erlebt, die sie – oft nur im Unterbewußtsein – an die sexuellen Gewaltsituationen erinnert. Und der Alltag der Frau ist voll von Gewalt. Täglich und ständig erlebt sie Gewalt, ob sie von Männern belästigt oder „angemacht" wird, ob man sie anschreit, beschimpft, ihr Vorwürfe macht, sie benachteiligt oder ähnliches. Alles, was gegen den Willen der Frau geschieht und sie sich wieder als hilfloses Opfer fühlen läßt, erinnert sie an die früher erlebte sexuelle Gewalt.

Wenn das Essen zur Entspannung geführt hat und die Frau sich tatsächlich wohlfühlt, kann diese Verdrängungsstrategie noch nicht einmal als eine besonders schlechte Form angesehen werden. Doch damit ist die Situation leider nicht beendet. Zu den organischen Problemen von Übergewicht mit dem Risiko von Diabetes und Schädigungen des gesamten Organismus kommt die gesellschaftliche Reaktion auf Übergewicht. Die Frau bemüht sich natürlich, dem gängigen Schlankheitsideal zu entsprechen und ist bemüht, abzunehmen. Ist ein Eßanfall vorüber, vergeht das damit verbundene Gefühl der Entspannung sehr rasch wieder, weil die Frau nun bewußt merkt, was geschehen ist und sich mit Schuldgefühlen plagt. Sie denkt voller bitterer Selbstvorwürfe, daß sie wieder einmal zuviel gegessen hat und fühlt sich als Versagerin und minderwertig. Aus diesem Versagensgefühl kann bereits der nächste Eßanfall entstehen, und ein Teufelskreislauf beginnt.

Zu dem Gefühl der Minderwertigkeit tragen die gesellschaftlichen Reaktionen auf die übergewichtige Frau bei. Der Frau wird gesagt, sie solle „doch einfach die Hälfte fressen", sie sei „unfähig, sich zu kontrollieren" und „willensschwach". Dicke Frauen werden als weniger wertvoll betrachtet und verachtet. Die Frau übernimmt diese Sichweise für sich selbst und verachtet sich ebenfalls. Sie verfügt weder über Selbstwertgefühl noch über Selbstbewußtsein.

Betrachtet man dabei noch, daß die Eßstörung eine Reaktion auf erlebte sexuelle Gewalt ist und die Frau sich allein dafür schon ablehnen mag, ist die Ablehnung sich selbst gegenüber nun mit der Eßstörung völlig perfekt.

Die eß-brechsüchtige Frau versucht, diese gesellschaftliche Reaktion zu vermeiden, indem sie das Gegessene vor dem Verdauungsprozeß wieder erbricht. Damit entgeht ihr nicht nur der Entspannungszustand, sondern sie schädigt auf die Dauer ihren Magen, was zu schweren chronischen Magenerkrankungen führen kann. Die eß-brechsüchtige Frau verachtet sich ebenfalls für ihr unkontrolliertes Verhalten und fühlt sich einsam mit ihrem Problem, das ihr niemand ansehen kann. Denn das Umfeld der Frau bemerkt zwar an ihrem äußeren Erscheinungsbild nichts von ihrer Unfähigkeit, sich zu kontrollieren, aber sie selbst weiß sehr wohl davon und verachtet sich für ihre Unfähigkeiten.

Die übergewichtige Frau verwendet das Essen nach Erfahrungen mit sexueller Gewalt auch noch zu anderen Zwecken. Mit der angegessenen Fettschicht baut sie Distanz zu ihrem Umfeld auf. Es ist ein weiter Weg für andere bis zu ihrem Inneren. Die Frau baut eine Barriere aus Fett zwischen sich und ihre Umwelt. Diese Barriere soll andere auf Abstand halten, unter anderem auch den Täter. Letztendlich nützt dieses Verhalten nicht viel, denn Täter beenden den sexuellen Mißbrauch nicht deshalb, weil ein Mädchen plötzlich an Gewicht zunimmt. Die Frau erfährt auch täglich immer wieder, daß das Übergewicht keine Gewalt verhindern kann, denn Täter suchen ein Opfer nicht nach Alter oder Aussehen aus, sondern suchen ein schwaches Opfer, ob dick oder dünn, ob alte Frau oder Baby, ob hübsch oder unattraktiv.

Dennoch ist Dicksein als Überlebensstrategie genauso selbstverständlich für die Frau geworden wie andere Strategien auch, und bevor die Frau sich nicht effektiv gegen gewaltsame Übergriffe wehren kann, wird sie immer wieder Eßanfälle erleben, wenn sie gewaltsame Erlebnisse hat.

Zum Ziel, sich unattraktiv zu machen, gehört auch die Bemühung, ihre weibliche Identität zu verbergen. Je dicker die Fettschicht ist, desto mehr verwischen die Körperformen, und eine Frau ist als Frau nicht mehr so deutlich erkennbar. Eine stark übergewichtige Frau und ein stark übergewichtiger Mann sind in ihren Körperformen ähnlicher als eine schlanke Frau und ein schlanker Mann.

Magersucht

Die Magersucht als Überlebensstrategie bei sexuellem Mißbrauch ist eine schwere und gefährliche Störung. Die Frau ißt wenig bis fast nichts. Je mehr sie das Gefühl für die Bedürfnisse ihres Körpers nach Nahrung verliert, desto mehr steigert sie sich in den Wahn hinein, abnehmen zu müssen, begleitet von der Angst, mit jedem Bissen wieder zunehmen zu können. Dabei reduziert sie die Nahrungsmenge immer weiter, bis die Frau im Extremfall so weit abmagert, daß sie stirbt. Gewichte von 33 bis 36 kg bei normaler Körpergröße sind dabei nichts Ungewöhnliches. Die Frau sieht aus wie ein Skelett, doch mit ihrer veränderten Wahrnehmung empfindet sie sich immer noch als zu dick. Sie ist nicht in der Lage, in einen Spiegel zu sehen und ihren Körperumfang realistisch wahrzunehmen.

Eßgestörte Frauen meiden Spiegel, da sie im allgemeinen ihren Körper und damit sich selbst so sehr ablehnen, daß sie es nicht ertragen können, sich anzusehen. Sie vermeiden Photos, Videoaufzeichnungen und ähnliches aus demselben Grunde. Sie zeigen sich kaum öffentlich, gehen nicht gern in Schwimmbäder oder Saunen und verhüllen ihren Körper meistens mit weiter und unförmiger Kleidung.

Die magersüchtige Frau versucht ihre Gewichtsabnahme dadurch zu beschleunigen, daß sie ihrem Körper keine Zeit läßt, die gegessene Nahrung zu verdauen. Dazu verwendet die Frau neben Abführmitteln und Erbrechen auch Einläufe.

Essen ist bei der magersüchtigen Frau wie bei der eßsüchtigen Frau etwas, das möglichst heimlich stattfindet, ebenso heimlich wie Abführmittel, Einläufe und Erbrechen.

Ein weiteres Mittel magersüchtiger Frauen, zu sich genommene Nahrung abzubauen und damit eine Gewichtszunahme zu vermeiden, ist körperliche Betätigung in Form von harter körperlicher Arbeit und exzessivem Sport. Damit verbraucht die Frau mehr Kalorien als sie mit Nahrung zu sich genommen hat und nimmt weiter ab.

Die magersüchtige Frau fällt zunächst nicht so auf, da sie den gesellschaftlichen Idealen entspricht, so lange ihr Aussehen noch als schlank gilt. Erst wenn sie deutlich abmagert, beginnt das Umfeld zu reagieren. Zu diesem Zeitpunkt hat sich die magersüchtige Frau aber schon so weit in ihren Wahn hineingesteigert, daß kaum noch ein Kontakt zu ihr hergestellt werden kann. Versuche, mit ihr über die Problematik und die Gefahren ihres Verhaltens zu sprechen, werden abgeblockt. Oder die Frau sagt ja zu allem, verhält sich aber heimlich weiter entsprechend ihrer Magersucht. Sie entwickelt ungeheuer phantasievolle Mechanismen, die Umwelt zu täuschen.

Wird sie mit Kleidung gewogen, steckt sie sich schwere Gegenstände in die Taschen, um mehr Gewicht vorzutäuschen. Oder sie trinkt Unmengen Wasser, das keine Kalorien enthält, füllt damit ihren Magen und erhöht so ihr Gewicht auf der Waage. Wird sie zwangsweise ernährt, versucht sie das erzwungene Essen umgehend wieder zu erbrechen, nimmt möglichst schnell Abführmittel und verwendet Einläufe.

Eine magersüchtige Frau wird auch heute noch in einigen Kliniken zwangsernährt, sobald sie ein bestimmtes Gewicht unterschritten hat. Diese Vorgehensweise erklärt sich aus der Angst verantwortlicher Personen, sie könne sich zu Tode hungern. Ist die Magersucht jedoch eine Folgeerscheinung sexuellen Mißbrauchs, ist offensichtlich, daß die gewaltsame Ernährung für die Frau ein erneutes Trauma darstellt. Die Überlebensstrategie, die sie zur Abwehr von Gewalt aufgebaut hat, wird nun gewaltsam durchbrochen. Die Frau wird zu etwas gezwungen, das sie nicht will. Ihre körperlichen und emotionalen Grenzen werden erneut verletzt.

Einige Kliniken haben zum Glück inzwischen schonendere Formen entwickelt, die Frau wieder zur Nahrungsaufnahme zu bewegen, die ihr das Recht auf Selbstbestimmung lassen und ihr die Möglichkeit geben, selbst zu entscheiden.

Magersucht als eine Folgeerscheinung sexueller Gewalt bedeutet oft die Weigerung, etwas durch den Mund aufzunehmen. Häufig ist oraler Mißbrauch vorausgegangen. Der Penis des Täters wurde der Frau in den Mund gezwungen, oft mußte sie das Ejakulat schlucken. Der Frau ist dabei schlecht vor Ekel. Dieser Ekel generalisiert sich dann auf alles, was in den Mund kommt, und die Frau kann nicht mehr unterscheiden, ob das, was in den Mund kommt, gut und richtig für sie ist oder nicht. Sobald sie etwas mit dem Mund aufnimmt, reagiert der Magen mit Ekel, Übelkeit und Abwehr.

Eine magersüchtige Frau erzielt mit dem Untergewicht ebenso wie die eßsüchtige Frau mit dem Übergewicht ein Verwischen der Körperformen. Ein abgemagerter weiblicher Körper sieht in der Regel knabenhaft und nicht weiblich aus.

Ein weiterer Effekt der Unterernährung ist eine hormonelle Veränderung, die zum Ausbleiben der Regelblutung und oft auch zu einem Ausbleiben der Entwicklung oder einer Verringerung der vorhandenen Schambehaarung führt. Menstruation und Schambehaarung lassen ebenfalls eine Frau als Frau erkennen. Fehlt beides, ist auch damit die weibliche Identität verwischt. Ein Ausbleiben der Menstruation ist für viele Mädchen, die ständig sexuell mißbraucht werden, geradezu erwünscht, um vom Täter nicht schwanger werden zu können.

Nicht-Essen verhindert auf der körperlichen Ebene die durch Essen entstehende Aktivität des Parasympathicus im Nervensystem. Die Frau verhindert damit durch die Essensverweigerung eine Entspannungsreaktion des Körpers. Eine Überaktivität des Organismus ist die Folge, die durch eine ständige Aktivierung des Sympathicus im Nervensystem ausgelöst wird. Dies erschwert auch den Schlaf. Gerade dieser Effekt kann für ein sexuell mißbrauchtes Mädchen von größter Bedeutung sein, weil der Täter sie nicht wehrlos im Schlaf überfallen kann, wenn sie nicht schläft. Das Mädchen kann leichter wach bleiben und den Täter hören. Gegebenenfalls kann sie eine erneute Gewaltsituation verhindern. Mädchen laufen beispielsweise schnell zur Toilette und ziehen die Spülung, sobald sie den Täter kommen hören. Durch die Spülung der Toilette oder auch durch das gezielte Knarren einer Tür wacht möglicherweise die Mutter oder eine andere Person auf, und der Täter muß sich zurückziehen.

Nicht-Essen bedeutet, eine Kontrolle über den Hunger und damit die eigenen Körperfunktionen zu erlangen. Diese Kontrollfähigkeit vermittelt der Frau ein Gefühl von Stärke und Einflußfähigkeit, das sie ansonsten als Opfer sexueller Gewalt nicht haben kann.

Eine deutliche Gewichtsabnahme kann auch eine Signalfunktion haben. Ein Mädchen, das nicht ißt, hat Probleme, es geht ihr nicht gut. Es ist für ihr Umfeld erkennbar, daß sie Schwierigkeiten irgendeiner Art hat. Ein Mädchen kann dem Umfeld damit ein Signal setzen, daß es ihr helfen möge.

Magersucht kann auch die Folge einer Eßsucht sein. Eine eßsüchtige Frau, die auf die von der Gesellschaft verlangte Weise endlich eine Kontrolle über ihr Eßverhalten und ihren Körper erlangt und abgenommen hat, kann eine große Angst entwickeln, beim Wiederbeginnen des Essens diese mühsam erlangte Kontrolle wieder zu verlieren. Aus dieser Angst heraus beginnt sie nicht wieder, normale Mengen zu essen, sondern gerät in den Sog einer Magersucht. Dieser Prozeß wird häufig gefördert durch die Bewunderung des Umfeldes für die eßsüchtige Frau, wie gut und wie schnell sie in der Lage ist, abzunehmen. Diese Bewunderung will die Frau nicht wieder verlieren, ebensowenig ihren eigenen Stolz auf ihre Leistung. Denn indem sie sich kontrollieren kann, fühlt sie sich stark und muß sich nicht mehr in der vorherigen Weise verachten.

Aus diesen Gründen sind die allseits verwendeten Reduktionsdiäten ungeheuer gefährlich, sofern psychische Ursachen von Übergewicht nicht mit berücksichtigt, diagnostiziert und bearbeitet werden.

Eine Magersucht kann auch den Versuch der Frau darstellen, sich allmählich selbst zu zerstören und endgültig zu vernichten, ein Selbstmord auf Raten. Sie lehnt sich und ihren Körper infolge der Gewalterlebnisse ab. Die Magersucht ist damit eine Form der Autoaggression, mit der die Frau die erlebte Gewalt auf zerstörerische Weise gegen sich selbst richtet.

Das Nicht-Essen kann von seiner Entstehung her auch eine Essensverweigerung bedeutet haben. Das Essen nicht anzunehmen ist oft die einzige und letzte Möglichkeit eines kleinen Kindes, nein zu seiner Umwelt zu sagen und zu der Art, wie es behandelt wird. Die Verweigerung des Essens kann dann die einzige Möglichkeit für ein kleines Mädchen sein, noch ein Stück Entscheidungsfähigkeit über sich und ihren Körper zu verspüren.

Therapieziele

Therapieziele in Bezug auf Suchtverhalten beinhalten zunächst einmal den Abbau der körperlichen und dann der psychischen Abhängigkeit vom jeweiligen Suchtmittel. Der Abbau der psychischen Abhängigkeit ist nur möglich, wenn die auslösenden, belastenden Situationen aufgearbeitet worden sind und die Frau Alternativen entwickelt, mit Situationen konstruktiver umzugehen statt mit Verdrängung zu reagieren.

Bei Alkohol- und Drogenabhängigkeit muß auch ein wichtiges Ziel darin bestehen, die Frau aus den Suchtkreisen herauszuholen und damit den Einfluß anderer abhängiger Personen auf sie auszuschalten. Ansonsten ist schnell mit einem Rückfall zu rechnen.

Beim Vorliegen einer Eßsucht soll die Frau lernen, Problemsituationen zu lösen, insbesondere sich in Gewaltsituationen zu wehren, so daß sie sich nicht mehr mit Hilfe des Essens entspannen und ablenken muß.

Wenn eine eß- oder auch magersüchtige Frau ihre weibliche Identität akzeptieren und mögen gelernt hat, muß sie ihre Körperformen nicht mehr durch Fett oder Abmagerung verwischen.

Kann sie sich erfolgreich gegen Gewalt wehren und nein sagen, ist auch ein Ausbleiben der Menstruation zu ihrem Schutz nicht mehr erforderlich. Eine magersüchtige Frau sollte lernen, auf direktem Wege Einfluß auf ihr Leben zu nehmen und selbst über sich zu entscheiden, statt sich ein Pseudo-Gefühl von Stärke durch ihre Fähigkeit zur Kontrolle verschaffen zu müssen.

Die eß-brechsüchtige Frau muß zunächst einmal lernen, ihre Eßanfälle zu akzeptieren und sich nicht umgehend wieder zu erbrechen. Damit muß sie vorübergehend auch eine Gewichtszunahme in Kauf nehmen, bis sie die Ursachen der Eßstörung so weit aufgearbeitet hat, daß das Essen als Verdrängungsmechanismus nicht mehr erforderlich ist.

Dieses Ziel ist allem Suchtverhalten gemeinsam: das Suchtmittel als Mittel zur Verdrängung unerträglicher Gefühle und Erinnerungen überflüssig werden zu lassen.

Für eine eßgestörte Frau besteht ein weiteres Therapieziel darin, sich mit den gesellschaftlichen Schlankheitsidealen auseinanderzusetzen und sich allmählich nicht mehr daran zu orientieren.

Die Frau soll zunächst lernen, ihr Gewicht zu halten und nicht mehr zu- oder abzunehmen. Dann besteht das nächste Ziel darin, ein „individuelles Wohlfühlgewicht" zu erzielen, das weder dem Normal- noch dem Idealgewicht entsprechen muß. Jede Frau hat ihr individuelles Gewicht. Wenn das Essen keinen Verdrängungsmechanismus mehr darstellt, findet die Frau allmählich zu ihrem eigenen Wohlfühlgewicht. Das Idealgewicht ist schon daher abzulehnen, weil es ehemals von amerikanischen Krankenversicherungen festgelegt und mit Absicht so niedrig angesetzt wurde, daß es kaum Versicherte gab, die dieser Norm genügen konnten und die Versicherungen demzufolge Zuschläge zur normalen Versicherungsprämie berechneten. Spätestens mit diesem Wissen müßten einer eßgestörten Frau der Wahnsinn und die Zerstörungsmechanismen der „idealen Maße" deutlich werden.

Eine magersüchtige Frau, die das Essen ablehnt, weil sie alles als negativ empfindet, was in ihren Mund kommt, muß unterscheiden lernen zwischen negativen und positiven Dingen für ihren Mund und ihre Verdauungsorgane. Negatives soll sie gezielt ablehnen, Positives bewußt in sich aufnehmen lernen.

Wenn eine eßgestörte Frau gelernt hat, sich effektiv gegen Gewalt zu wehren, ist sie letztendlich dann auch in der Lage zu akzeptieren, daß sie attraktiv sein kann. Die Attraktivität berechtigt niemanden, sie zu irgendetwas zu zwingen. Sie selbst entscheidet über sich und ihren Körper.

Die therapeutische Arbeit

Der erste Teil der therapeutischen Arbeit am Suchtverhalten besteht bei einem Vorliegen körperlicher Abhängigkeit vom Suchtmittel im körperlichen Entzug. Dieser Entzug wird in der Regel stationär in Krankenhäusern oder Kliniken durchgeführt, da ambulant zu schnell Rückfälle erfolgen und eine Eigenkontrolle ohne laufende Fremdkontrolle selten erreicht werden kann.

Körperlicher Entzug führt weiterhin zu körperlichen Entzugserscheinungen, die unbedingt ärztlich überwacht werden müssen. Eine Bemühung um eine Beseitigung der psychischen Komponente der Sucht ohne einen vorherigen körperlichen Entzug ist in der Regel zum Scheitern verurteilt. Jede therapeutische Bearbeitung auslösender Problemsituationen ist immer mit gelegentlichen Rückfällen in die Überlebensstrategien verbunden. Wenn eine Sucht vorliegt, bedeutet ein solcher Rückfall den erneuten Griff zum Suchtmittel. Dieses Risiko besteht auch nach durchgeführtem körperlichem Entzug. Wenn noch kein Entzug stattgefunden hat, findet dieser Rückfall mit einer an Sicherheit grenzenden Wahrscheinlichkeit statt.

Bevor also ein Entzug in die Wege geleitet wird, der in der Regel nicht ganz ohne Gewalt für die Frau verläuft, indem sie nicht mehr frei über jede Handlung entscheiden kann, sollte die Form der Anwendung der Suchtmittel genauestens erfragt werden. So kann sicherer festgestellt werden, ob ein körperlicher Entzug notwendig ist.

Bei der Eßstörung verwendet die Frau das Essen gezielt nur zum Verdrängen. Beim Anwenden von Essen als Suchtmittel entsteht niemals eine körperliche Abhängigkeit, da normale Nahrungsmittel keine körperfremden Stoffe enthalten.

Wenn ein körperlicher Entzug notwendig ist, sollte eine Klinik gesucht werden, die keine Zwangsmethoden verwendet und der Frau eigenen Entscheidungsspielraum läßt. Es kann auch an noch fehlender Motivation liegen, wenn die Frau keine Eigenkontrolle erlangen kann. Ein zwanghafter Entzug kann schnell zu einem Rückfall führen, da wieder gewaltsam mit der Frau umgegangen wird, was sie glaubt verhindern zu müssen. Und dazu benötigt sie ihr Suchtmittel.

Die therapeutische Arbeit am Suchtverhalten als Verdrängungsmechanismus findet mit den üblichen therapeutischen Strategien und Techniken statt. Die auslösenden Situationen werden gesucht, gezielt angegangen und durch Reorganisation und alternative Lösungswege verarbeitet.

Im Zusammenhang mit Eßstörungen ist oft eine Einstellungsänderung von Bedeutung. Die Frau muß sich damit auseinandersetzen, daß ihre Vorstellungen vom weiblichen Körper in der Regel überzogen sind und einem falschen gesellschaftlichen Ideal entsprechen. Ein Besinnen auf ihre weibliche Identität ist ein wichtiger Bestandteil ihres Verarbeitungsprozesses. Insbesondere bei der Magersucht muß die Frau sich des Wahns ihres selbstzerstörerischen Verhaltens bewußt werden. Sie muß lernen, positiv mit sich und ihrem Körper umzugehen.

Die therapeutische Arbeit an einer Eßstörung erfordert viel Geduld und Durchhaltevermögen, da dieser Verdrängungsmechanismus einen enormen Widerstand bietet, der sich der Frau und der Therapeutin bei ihrer gemeinsamen Arbeit oft in den Weg stellt.

Ein Bestandteil von Eßstörungen ist, wie weiter oben schon beschrieben, auch ein starkes Bedürfnis nach Kontrolle. Diese Form der Kontrolle aufzugeben macht der Frau große Angst. Es erfordert viel Mut, sich vorzustellen, daß sie diese Art der Kontrolle nicht unbedingt benötigt, um sich vor sexueller Gewalt zu schützen, sondern daß es weitaus effektivere Möglichkeiten gibt, sich gegen Gewalt jeder Art zu wehren.

In meiner therapeutischen Arbeit mit eßgestörten Frauen ist mir aufgefallen, daß beim Nachlassen der Eßstörung häufig Ängste auftreten. Dies zeigt, daß die Eßstörung zunächst einmal als Verdrängungsmechanismus gegen massive Angst eingesetzt wurde. Nach der Lockerung der Eßstörung werden die Ängste lebendig und treten oft mit körperlichen Begleitsymptomen in Form einer neurotischen Angstsymptomatik auf. Nach der Eßstörung muß dann auf dem Wege zur Heilung die Angst als nächste Schicht bearbeitet werden. Diese Erfahrung mag für manche Therapeutin überraschend sein. Sie mag sich zunächst wundern oder erschrecken, daß nach eintretenden Erfolgen bezüglich der Eßstörung plötzlich massive Angstsymptome auftreten. Nach meiner Erfahrung handelt es sich dabei nicht um eine Symptomverschiebung – was die Therapeutin befürchten könnte – sondern durchaus um einen Fortschritt in der Therapie. Die erste Störung überdeckte eine zweite, und erst die Bearbeitung der ersten Störung ermöglichte das Auffinden der zweiten in der darunterliegenden Schicht. Wenn dann auch die Angstsymptome verarbeitet sind, ist die Therapie erfolgreich.

Die praktische therapeutische Arbeit am Suchtverhalten setzt an den Körperorganen an, die davon betroffen sind. Suchtverhalten erfolgt, mit Ausnahme des Spritzens von Drogen, auf oralem Wege. Betroffen sind also die Mundregion sowie die Verdauungsorgane. Entsprechend kann an diesen Körperregionen mit körpertherapeutischen Techniken gearbeitet werden.

Fallbeispiele

Fallbeispiel zu Alkohol als Suchtmittel

Silvias Familie lebte in einer Baracke ohne Strom und ohne fließendes Wasser. Oft gab es nichts für die Kinder zu essen, weil weder die Mutter noch der Vater sich darum kümmerten. Die einzigen Getränke, die den Kindern zur Verfügung standen oder überhaupt im Hause waren, bestanden aus Kaffee, Leitungswasser und Alkohol. Der Vater zwang die Kinder schon in frühestem Alter dazu, Alkohol zu trinken, einmal um sie ruhigzustellen und andererseits um sich an ihrer Hilflosigkeit auf sadistische Weise zu erfreuen. Wenn der Vater Silvia sexuell mißbrauchte, trank er selbst viel Alkohol und gab auch ihr Alkohol. Mit der Zeit nahm Silvia den Alkohol freiwillig, weil dies für sie die einzige Möglichkeit darstellte, sich zu betäuben und die körperlichen und seelischen Schmerzen etwas weniger massiv fühlen zu müssen. Alkohol wurde für Silvia ein übliches und immer zur Verfügung stehendes Mittel, um sich selbst zu betäuben, wenn Gefühle und Situationen für sie unerträglich wurden. Und von diesen Situationen gibt es noch heute viele für Silvia, auch im Alltagsleben. Der Vater hat in seinem Sadismus jede nur denkbare Gelegenheit, Pflegesituationen wie Baden, Mahlzeiten, Umgang mit elektrischen Geräten, Fahrten im Auto usw. dazu benutzt, Silvia zu quälen, sie zu verletzen und ihr Todesangst zu machen. Somit ist sogar das Alltagsleben für Silvia voll von Situationen, die sie an traumatische Erlebnisse erinnern.

Der Alkohol wurde ihr ständiger Begleiter über Jahre hinweg. Silvia machte zahllose Suchttherapien, die sie alle vorzeitig abbrach, weil sie die Gruppensituationen nicht mehr ertragen konnte. Der Zwang zur Enthaltsamkeit bedeutete Gewalt für sie. Sie begegnete in diesen Kliniken immer wieder auch problematischen Männern, die versuchten, Silvia zu belästigen oder gar zu vergewaltigen. Da sie sich nicht wehren konnte, griff sie wieder zum Alkohol, um sich zu betäuben und floh aus den Kliniken.

Erst als Silvia von sich aus beschloß, keinen Alkohol mehr zu trinken und zu versuchen, auf andere Weise mit ihren Problemen zurechtzukommen, war es ihr möglich, Alkohol kontrolliert zu trinken. Inzwischen trinkt sie kaum noch Alkohol, sie hat eine weitgehende Abneigung dagegen entwickelt.

Fallbeispiel für Drogen als Suchtmittel

Silvia fand in der Pflegefamilie, in der sie aufwuchs, infolge ihres schon damals auffälligen Verhaltens kein Verständnis. Es wurde nicht als Signal für sexuellen Mißbrauch gewertet oder verstanden. Ihr Verhalten wurde ihr eher zum Vorwurf gemacht als daß versucht wurde, die Ursachen für dieses Verhalten zu suchen.

Silvia fühlte sich unverstanden, besonders in dem Wunsch, nicht mehr zu Besuchen zu den leiblichen Eltern zu müssen, und sie distanzierte sich in der Pubertät völlig von den Pflegeeltern. Dadurch geriet sie schließlich in Drogenkreise, wo sie Anschluß und Kontakte suchte. Sie fand ein neues soziales Umfeld, in dem sie sich zunächst mehr akzeptiert fühlte. Sie probierte einiges an Drogen aus, geriet aber nicht in eine körperliche Abhängigkeit von harten Drogen. Heute verwendet Silvia schon lange keine Drogen mehr.

Fallbeispiel für Medikamente als Suchtmittel

Silvia hielt sich sieben Jahre lang wechselweise in der Psychiatrie und in Kliniken zur Suchttherapie auf. Da sie an massiven Ängsten, Schlaflosigkeit, Albträumen und zeitweiligen Halluzinationen litt, die inhalt-

lich immer wieder Elemente des sexuellen Mißbrauchs enthielten, wurde sie über viele Jahre hinweg in hohen Dosen mit einer Vielzahl von Medikamenten behandelt. Niedrige Dosierungen und leichte Medikamente brachten keine Wirkung. Die Medikamente gaben Silvia ein Stück psychische Stabilisierung, ein bißchen Entlastung und Verdrängung. Aus dieser Erfahrung griff sie schließlich gezielt zu Medikamenten, speziell zu Tranquilizern, stahl sie und benutzte sie gezielt zur Betäubung ihrer unerträglichen Gefühle. Der damals behandelnde Psychiater verschrieb ihr immer wieder diese Medikamente und bemerkte nicht einmal, daß sie sich nach der ersten Verordnung viel zu häufig ein neues Rezept abholte.

Mit ungeheurem Mut setzte Silvia schließlich alle Psychopharmaka von sich aus ab und erlebte einen schmerzhaften Entzug in der Betreuung der Wohngruppe. Der Entzug war hauptsächlich psychischer Art, da nun keine Möglichkeit mehr für sie bestand, unerträgliche Gefühle und Erinnerungen zu betäuben. Von diesem Zeitpunkt an hat Silvia fast ständig emotionale Qualen und körperlichen Schmerz zu ertragen. In einem langsamen und vorsichtigen Prozeß versucht sie nun in der Psychotherapie, sich eine furchtbare Situation aus ihrer Vergangenheit nach der anderen anzusehen, sie aussprechen zu lernen und allmählich zu bearbeiten.

Fallbeispiel für Eßsucht

Die vierunddreißigjährige Beate kommt stark übergewichtig in die Therapie. Sie muß abnehmen, weil sie einen Diabetes hat. Anlaß für den Beginn der Psychotherapie war, daß deutlich wurde, daß ihre Tochter von einem Cousin sexuell mißbraucht worden war. Beate konnte dies kaum verkraften, und gleichzeitig erinnerte sie sich daran, daß sie selbst als Kind vom Großvater sexuell mißbraucht worden war.

Beate ist sehr motiviert und bemüht, doch es zeigt sich sehr schnell, wie sehr ihr das Bedürfnis nach Kontrolle bei der Bearbeitung der traumatischen Situationen im Wege steht. Zu Anfang kann sie sich nur schwer auf die inhaltliche therapeutische Arbeit einlassen. Wir müssen als erstes am Thema Kontrolle beginnen und deren Hintergrund erarbeiten.

Die Kontrolle selbst ist auch eine Überlebensstrategie, Beate muß die Übersicht über alles behalten, alles im Griff haben. Sie kann sich nicht fallenlassen, sich nicht entspannen. Als Hintergrund für das Bedürfnis nach Kontrolle zeigt sich bald, daß die Mutter Beate schon im Alter von eineinhalb Jahren damit überfordert hatte, auf den kleinen Bruder aufzupassen. Weiterhin leitete sich das Bedürfnis nach Kontrolle auch aus den Mißbrauchserlebnissen ab. Beate fühlte sich dem Opa ausgeliefert und schutzlos, sie hätte als Kind mehr Kontrolle über diese Situationen gebraucht.

Als sie im Laufe der Zeit die Kontrolle als Überlebensstrategie etwas locker lassen kann, beginnt sie sich allmählich zu entspannen und mehr Gefühle wahrzunehmen. Die Erinnerungen an die Mißbrauchssituationen purzeln nur so aus den Ecken heraus, wohinein sie sie verbannt hatte. Je mehr Situationen Beate erinnern und verarbeiten kann, desto weniger benötigt sie das Essen als Verdrängungsmechanismus. Beate hält schon bald das Gewicht und nimmt nicht mehr weiter zu.

Inzwischen ißt Beate normale Essensmengen. Auch wenn sie einmal mehr ißt als der tägliche Kalorienbedarf beinhaltet, nimmt sie nicht mehr zu. Manchmal testet Beate dies bewußt und stellt immer wieder erstaunt fest, daß es sich nicht mehr auf ihr Gewicht auswirkt.

Eine Therapiestunde beinhaltet beispielsweise die Arbeit an der Fettschicht, die Beate sich angegessen hat. Im Gespräch mit der Fettschicht zeigt sich, daß sie diese zwar unbewußt, aber doch gezielt aufgebaut hat, um eine Distanz zu anderen herzustellen. Niemand sollte ihrem Inneren mehr so nahe kommen können wie der Opa dies gewaltsam getan hatte.

Beate entwickelt in dieser Stunde beim Spüren ihres Körpers eine genaue Vorstellung davon, wie ihr Körper aussehen könnte: ein Teil der Fettschicht sollte bleiben, aber ein Großteil davon könnte weg. Ihre Körperformen dürften deutlicher werden. Dieses kann Beate im Hinblick darauf akzeptieren, daß sie sich jetzt anders vor der ungewollten Annäherung anderer schützen kann: wenn jemand ihr mit Worten zu nahe kommt, stellt sie sich vor, ihr Bauch sei mit Öl bedeckt, und der andere gleite ab und falle zu Boden. Er kann ihr nicht mehr wehtun. Körperlich traut sie sich zu, sich zu wehren. Damit sie nicht mehr ihre körperliche Masse braucht, um sich sicher zu fühlen, nimmt sie an einem Selbstverteidigungstraining für Frauen teil.

Beate braucht das Essen nicht mehr zur Verdrängung. Es gibt nichts mehr zu verdrängen, und Probleme kann sie nun aktiv lösen, statt die damit verbundenen Anspannungen über Essen reduzieren zu müssen.

Zur Zeit will Beate ihr Gewicht über eine Reduktionsdiät gezielt verringern, weil sie wegen des Diabetes nicht auf die langsame Gewichtsabnahme warten kann, die in Anbetracht ihres starken Übergewichts Jahre dauern würde. Beate kann nun selbst steuern, wieviel sie essen und wie sie aussehen möchte. Die Eßanfälle behindern sie nicht mehr darin, über sich selbst bestimmen zu können. Auch die weitgehende Aufgabe der Kontrolle hat sich nicht schädlich für Beate ausgewirkt, da sie nun auf eine entspanntere Weise selbst über ihr Leben bestimmen kann.

Fallbeispiele für Magersucht

Für Silvia bestand vom Babyalter an in der Essesverweigerung die letzte mögliche Form, nein zu dem zu sagen, wie die Eltern mit ihr umgingen: pflegerisch und emotional vernachlässigend auf der einen Seite und körperlich, psychisch und sexuell gewaltsam auf der anderen Seite.

Die Magersucht ist eine der ersten von vielen entwickelten Überlebensstrategien für Silvia und damit eine, die sie am schwersten aufgeben kann. Probleme hat sie schon immer durch den Umgang mit Essen für sich reguliert. Wenn sie sich müde und hilflos fühlte, aß sie nichts, und der Sympathicus im Nervensystem begann zu arbeiten. Sie fühlte sich plötzlich aktiv und fit, und diese Aktivität gab ihr ein Gefühl von Sicherheit gegen die Hilflosigkeit.

Auch nachdem sie nun keine anderen Suchtmittel mehr benutzt, ist das Nicht-Essen als eine letzte Form der Sucht geblieben: durch Nicht-Essen putscht sie ihren Organismus auf.

Obwohl Silvia inzwischen sehr genau weiß, daß ihr Körper und ihre Seele die Nahrung als wichtiges Fundament der Existenz und als Grundlage dazu benötigen, die anstrengende Therapie überhaupt auszuhalten, kann sie oft nicht essen.

Die gesamte Mundregion und die Speiseröhre sind wie zugeschnürt. In solchen Zeiten spürt sie wieder all die Penisse, die gewaltsam in ihren Mund gestoßen wurden, vom Vater und von zahllosen anderen Männern, an die der Vater Silvia für Geld oder Alkohol verkaufte. Sie spürt dann im Gesicht und am Körper all das Sperma, das an ihr klebt.

Ein noch ausstehender, wichtiger Teil der Therapie wird darin bestehen, die Penisse symbolisch aus Silvias Mund zu entfernen, indem sie

sie ausspuckt oder ausatmet, um sich von ihnen zu befreien und auf diese Weise die mit den Erinnerungen verbundenen körperlichen Anspannungen zu beseitigen. Ihr Bewußtsein muß wachsen, daß sie niemals wieder etwas Negatives zulassen muß, das gegen ihren Willen in ihren Mund eindringt. Sie muß auch nichts Ekelhaftes mehr schlucken. Sie muß noch unterscheiden lernen zwischen positiven und negativen Dingen, die durch den Mund in den Magen gelangen können. Vor allem braucht sie noch die Sicherheit, daß sie heute selbst wählen kann, was sie durch den Mund aufnehmen möchte und was nicht.

Sobald Silvia die Penisse im Mund spürt, reagiert der Magen undifferenziert mit Ekel und wirft alles aufgenommene Essen wieder zurück. Silvia muß sich noch jeden Morgen übergeben, nachdem sie sich jede Nacht besonders mit den Erinnerungen an die zahllosen Mißbrauchssituationen quält. Um aber zwischen Positivem und Negativem für den Mund und die oberen Verdauungswege unterscheiden zu können, muß Silvia noch viele Mißbrauchserlebnisse verarbeiten.

Sie erträgt weiterhin die Vorstellung noch nicht, nicht mehr mager zu sein. Durch einen ausgehungerten Körper versuchte sie sich für den Vater unattraktiv zu machen, da dieser immer wieder verächtlich über sie zu anderen sagte, „an ihr sei nichts dran". Also entstand bei Silvia die Hoffnung, er werde sie vielleicht nicht mehr anrühren, sobald „wenig genug an ihr dran sei". Diese Hoffnung erfüllte sich allerdings nicht. Silvia wußte noch nicht, daß es bei sexueller Gewalt nicht um die Sexualität mit einer als attraktiv empfundenen Frau geht, sondern um Gewalt, die an einer wehrlosen Frau in sexualisierter Weise ausgelebt wird.

Noch ist Silvia nicht in der Lage, bei entsprechender Körpergröße ein Gewicht von mehr als 46 kg an sich zu ertragen. Auch vor den bei einem höheren Gewicht zu erwartenden Monatsblutungen hat sie Angst. Als sie in der Jugendzeit regelmäßige Monatsblutungen hatte, wurde sie vom Vater schwanger. Durch die ständigen körperlichen Brutalitäten des Vaters, unter anderem auch Tritte in den Bauch, verlor Silvia ihr Kind im dritten Monat durch eine Fehlgeburt, ohne daß er jemals etwas von diesem Kind erfahren hatte.

Nach ihrer Schwangerschaft hungerte Silvia so lange, bis keine Monatsblutungen mehr erfolgten. Das Vermeiden der Menstruation bedeutet für Silvia auch, sich nicht als Frau sehen und anerkennen zu müssen. Seitdem sich körperliche Veränderungen zeigen, muß sie sich intensiv mit ihrer weiblichen Identität auseinandersetzen.

Auch Silvia meidet wie alle eßgestörten Frauen ihren Anblick im Spiegel. Sie lehnt sich und ihren Körper noch zu sehr ab, als daß sie ihren eigenen Anblick ertragen könnte.

Das Erbrechen von Nahrung geschieht bei Silvia nicht mehr willentlich, sondern ist eine Folgeerscheinung des Ekels, der noch nicht verarbeitet ist. Abführmittel nimmt sie schon seit längerer Zeit nicht mehr. Sie hat bereits für sich erkannt, daß sie mit der Verweigerung der Nahrung nur noch sich selbst schadet und daß sie sich heute anders und effektiv gegen gewaltsame Übergriffe wehren kann. Sie wird allmählich lernen, das Hungern als Überlebensstrategie nicht mehr anwenden zu müssen.

In der Arbeit mit Petra (siehe Fallbeispiel unter „Angst als Folgeerscheinung") zeigt sich, daß die Magersucht nicht nur mit der problematischen Beziehung zur Mutter zusammenhängt, sondern auch eine Folgeerscheinung des sexuellen Mißbrauchs ist. Petra hat dadurch eine Ablehnung dem eigenen Körper und ihrer gesamten Person gegenüber entwickelt.

Die Mutter hat dieses Gefühl der Ablehnung noch verstärkt durch Äußerungen, daß andere Menschen sich mit Petra allenfalls aus Mitleid beschäftigten. Dafür begann Petra die Mutter zu hassen. Sie entwickelte eine Eßsucht, um dieses für sie unerlaubte Gefühl von Hass gegen die Mutter zu verdrängen.

Als sie an Gewicht zunahm, behandelte die Mutter sie auch hierfür verächtlich, und Petra begann zu hungern. Als sie schlanker wurde, bekam sie zumindest hierfür Anerkennung, sogar von der selbst eßsüchtigen Mutter.

Die Magersucht empfand Petra auch als Schutz gegen Männer. Wenn sie mager ist, ist sie nicht attraktiv, und Männer lassen sie in Ruhe. Vor Berührungen mit Männern hatte sie immer Angst und ging von Jugend an jeglicher Form von Beziehungen zu Jungen und Männern aus dem Wege. Seither begann sie, sich Frauen zuzuwenden. Inzwischen ist Petra normalgewichtig und kann gut damit umgehen.

12. Umgang mit dem Grenzverlust

Entstehung des Grenzverlusts

Der Verlust von Grenzen erfolgt durch sexuellen Mißbrauch auf der körperlichen, sexuellen und psychischen Ebene. Die Frau spürt nicht mehr, wo sie selbst auf diesen drei Ebenen beginnt und wo sie aufhört. Sie fühlt nicht, an welcher Stelle eine neue Person beginnt. Körperliche, sexuelle und emotionale Grenzen und die Klarheit über deren Existenz gehören normalerweise zu jedem Menschen.

Wenn durch sexuelle Gewalt diese Grenzen ignoriert und gewaltsam durchbrochen werden, werden sie zerstört und sind danach nur noch teilweise oder gar nicht mehr vorhanden. Diese menschlichen Grenzen sind vergleichbar mit Grenzen im Alltagsleben. Durchbricht beispielsweise ein Pferd einen Weidezaun, so ist der ehemals intakte Zaun an dieser Stelle zerstört. Der Zaun kann seine ursprüngliche Aufgabe, zwei Weiden voneinander zu trennen, nicht mehr erfüllen, und alle Tiere können an der durchbrochenen Zaunstelle von Weide zu Weide wandern.

Die Frau ist nicht mehr in der Lage, sich gegen einen anderen Menschen oder gegen etwas zu schützen, der oder das von außen kommt. Alles dringt schutzlos in sie ein. Sie spürt den Punkt nicht mehr, an dem die Grenze wäre und wann sie diese gegen ein Eindringen von außen schützen müßte. Diese fehlende Klarheit über die Grenzen kann dazu führen, daß die Frau weiteres Eindringen in sich zuläßt und weiter darunter leidet, ohne zu spüren oder zu begreifen, warum dies so ist und wie sie es verändern könnte.

Symptomatik

Die fehlenden körperlichen Grenzen zeigen sich darin, daß die Frau beispielsweise körperliche Nähe und auch erneute körperliche Gewalt zuläßt.

Sie läßt sich in den Arm nehmen, berühren, erneut schlagen und quälen, leidet aber diffus darunter, ohne zu wissen, warum dies so ist.

Eine daraus entstehende Symptomatik kann Masochismus [17] sein, bei dem die Frau körperliche, psychische und auch sexuelle Grenzen von einem Sadisten immer wieder überschreiten läßt. Indem eine Frau sich prostituiert, läßt sie ebenfalls wieder diese Grenzen überschreiten. Auch wenn sie mit Härte vorgibt, daß dies ihr nichts ausmache, so erfolgt diese Grenzüberschreitung dennoch immer wieder, und die Frau muß entsprechende Folgeerscheinungen in Form von körperlichen Anspannungen, psychosomatischen oder organischen Erkrankungen, psychische Störungen usw. in Kauf nehmen. Sie fühlt die Folgeerscheinungen vielleicht nicht, weil sie sich gefühllos gemacht hat, aber sie sind dennoch da.

Die fehlenden sexuellen Grenzen können sich auch darin zeigen, daß die Frau mit vielen Männern eine sexuelle Beziehung aufnimmt, ohne recht zu spüren, ob es ihr gut tut oder nicht. Sie zieht keine sexuelle Grenze, weil sie über diese Grenze nicht mehr verfügt.

Auf der psychischen Ebene zeigen sich fehlende Grenzen in Form gefährlicher Symptomatiken, zum Beispiel in Form einer Psychose [18] oder einem Borderline-Syndrom [19]. Eine Frau mit einer Psychose verfügt über keinerlei Grenzen mehr zwischen sich und anderen sowie zwischen der Realität und Vorstellungen oder Wahnideen.

Auch bei den Wahnvorstellungen psychotischer Frauen, die nach sexuellem Mißbrauch oft dann eben sexuelle Gewaltinhalte haben, wird deutlich, daß es sich hierbei um die Folgen sexueller Gewalt handelt. Die Frau kann nicht mehr trennen zwischen jetzt und früher, zwischen wahren Begebenheiten und den Bildern, die aufgrund ihrer Angst in Bezug auf die erlebte sexuelle Gewalt entstanden sind. Die Wahnvorstellungen von Frauen sind in keiner Weise ein Zeichen dafür, daß Erlebnisse sexuellen Mißbrauchs von Frauen erfunden werden, sondern eine traurige Folgeerscheinung des Grenzverlusts *nach* sexuellen Gewalterlebnissen.

Eine psychotische Frau weiß oft nicht mehr, wer sie selbst ist und wo sie sich befindet. In einer psychotischen Phase ist sie nicht mehr in der Lage, sich selbst zu versorgen, da sie sich nicht mehr orientieren kann. Sie ist auf die Hilfe anderer Personen angewiesen. Viele solcher Frauen leben dann vorübergehend oder auch langfristig in der Psychiatrie, ohne daß in Erwägung gezogen wird, daß sexuelle Gewalterlebnisse und der damit verbundene Grenzverlust der Auslöser für die Psychose gewesen sein könnten.

Es wäre sicherlich ein lohnendes Unterfangen, Frauen mit der Diagnose Psychose in klaren Phasen daraufhin zu befragen und nach weiteren Folgen sexueller Gewalt bei ihnen Ausschau zu halten. Oft zeigt sich der Ursprung der Psychose in den Wahninhalten. Wenn die Therapeutin sich die Mühe macht, nach Verbindungen zwischen den Inhalten der Wahnvorstellungen und der Lebensgeschichte der Frau zu suchen, wird sie möglicherweise herausfinden können, daß sexuelle Gewalterfahrungen zu dem zur Psychose gehörenden Grenzverlust im psychischen Bereich geführt haben.

Eine Psychose ist aus körpertherapeutischer Sicht auch gekennzeichnet durch die Trennung zwischen Kopf und Gefühl, zwischen Kopf und Körper. Die psychotische Frau nimmt nur noch ihr Denken wahr und hat kaum oder gar keinen Kontakt mehr zu Gefühlen und zu ihrem Körper. Die Trennung zwischen Kopf und Gefühl entsteht durch die Gewaltsituation, in der die Frau sich gefühllos macht, Gefühle und Körper nicht mehr wahrnimmt, um die Gewalt überhaupt ertragen zu können. Im Körperbereich des Nackens baut sie eine massive Blockade auf, wodurch der Kontakt zwischen Gedanken und Gefühlen völlig abgeschnitten wird.

Beim Borderline-Syndrom ist der Grenzverlust auch auf anderen Ebenen erkennbar, nämlich in Beziehungen zu anderen Personen. Hier kann die Frau nur schwer oder gar nicht unterscheiden, wer wann etwas tut und wer dafür verantwortlich ist. Die Frau kann während der Therapie – zumindest zu Beginn – auch die Therapeutin nicht als klar abgegrenzte Person sehen, sondern versucht häufig, die Therapeutin für die Befriedigung eigener Befürnisse zu benutzen. So kann die Frau versuchen, die Grundlage der therapeutischen Beziehung zu sprengen, indem sie die Therapeutin zur Freundin haben möchte. Oder die Therapeutin wird nicht als eigenes, klar abgegrenztes Individuum gesehen, sondern mit Personen aus der eigenen Lebensgeschichte verwechselt. So kann eine Frau in der Therapeutin beispielsweise die eigene Mutter sehen und diese auch so behandeln, ohne es bewußt zu bemerken.

Zum Borderline-Syndrom können auch kurzzeitige psychotische Phasen gehören, in denen die Frau jegliche Orientierung verliert und Wahnvorstellungen haben kann. Diese Phasen sind jedoch nur von kurzer Dauer. Auch hier sollte auf mögliche Verbindungen zwischen Wahninhalten und konkreten Geschehnissen in der Lebensgeschichte geachtet werden.

Therapieziele

Die Therapieziele liegen darin, wieder ein Gefühl für die verlorengegangenen körperlichen, psychischen und emotionalen Grenzen zu entwickeln. Die Frau muß lernen, diese Grenzen um sich herum aufzubauen, sie zu beachten und zu verteidigen. Sie darf sie vor allen Dingen nicht mehr mit Gewalt durchbrechen lassen.

Als die Verletzung ihrer Grenzen geschah, war sie infolge ihrer abhängigen und schwächeren Position nicht in der Lage, sich zu wehren. Mit dem Aufbau neuer Grenzen läßt die Frau sich dann nicht mehr benutzen, weder in Form von Masochismus noch durch Prostitution oder auch durch promiskuitives Verhalten.

Auch beim Vorliegen einer Psychose oder eines Borderline-Syndroms müssen die Grenzen auf allen Ebenen wieder aufgebaut werden. Bei einer Psychose ist dieses ungeheuer mühsam, wenn nicht gar unmöglich, da die Zerstörung einer Persönlichkeit bei einer Psychose sehr weit fortgeschritten ist (Fitzgerald).

Die therapeutische Arbeit

Bei der therapeutischen Arbeit mit einer psychotischen Frau kann eine begleitende medikamentöse Behandlung von großer Bedeutung sein. Die Medikamente ermöglichen ihr oft erst die Orientierung in der Realität und zu ihrer Person. Ohne diese Orientierung und ein gutes Stück psychischer Stabilität ist eine Aufarbeitung der zugrundeliegenden Gewalterlebnisse nicht möglich. Die Frau kann nichts aufnehmen, bearbeiten oder gar verarbeiten. In einer psychotischen Phase ist keinerlei therapeutische Arbeit möglich.

Dasselbe gilt für die kurzen psychotischen Phasen des Borderline-Syndroms, auch hier ist keine inhaltliche therapeutische Arbeit möglich. Eine begleitende medikamentöse Behandlung zur Stabilisierung kann auch beim Borderline-Syndrom von Bedeutung sein. Die Medikamente schaffen künstliche Grenzen für die Frau, bis sie selbst in der Lage ist, alle Grenzen aus eigener Kraft aufzubauen und zu behalten. Dann ist die Frau nicht mehr auf die künstliche Stabilisierung angewiesen.

In der Arbeit mit Frauen, die kaum oder gar nicht mehr über Grenzen verfügen, ist die Therapeutin sehr gefordert. Bis die Frau selbst wieder Grenzen spüren und aufbauen kann, muß die Therapeutin die Aufgabe übernehmen, Grenzen zu setzen. Sie muß die Frau auch auf die Notwendigkeit dieser Grenzen hinweisen und auf deren Einhaltung bestehen. Dabei muß die Therapeutin einmal auf die Grenzen der Frau achten, aber auch auf ihre eigenen. Da die Frau keine Grenzen wahrnimmt, kann sie die Grenzen der Therapeutin auch nicht einhalten. Sie überschreitet dabei schnell die persönlichen und privaten Grenzen der Therapeutin sowie bestehende räumliche und zeitliche Grenzen. In schwierigen Momenten mag sie aus dem Therapieraum laufen, oder sie weigert sich, den zeitlichen Rahmen einer Sitzung zu akzeptieren. Es ist daher sinnvoll, mit einer Frau mit Borderline-Problemen Grenzen vorab genau festzulegen und bewußt immer wieder zu überprüfen. Möglicherweise empfiehlt es sich, einen Vertrag über Grenzen mit der Frau abzuschließen, wobei diese in beiderseitiger Absprache festgelegt werden, um der Frau eine Möglichkeit zu geben, sich in ihrer Beziehung zur Therapeutin zu orientieren.

Die Beziehung zur Therapeutin ist für die Frau oft das einzig vorhandene soziale Feld, auf dem sie lernen kann, mit Beziehungen sinnvoll und konstruktiv umzugehen, die eigenen Grenzen und die ihres Gegenübers spüren und respektieren zu lernen. Sie benötigt dabei die Hilfe der Therapeutin zur Orientierung.

Erst wenn die Beziehung zwischen der Frau und der Therapeutin klar definiert ist und die Frau sich auch an die Definition halten kann, ist eine inhaltliche Arbeit an den Mißbrauchserlebnissen möglich. Würde die Therapeutin sofort mit der Aufarbeitung der Situationen beginnen, die den Grenzverlust verursacht haben, würde die Frau neben ihrer Orientierungslosigkeit auch noch mit den hochkommenden und belastenden Erinnerungen zu kämpfen haben, und das Risiko einer psychotischen Phase wäre groß. Diese würde einen vorübergehenden völligen Grenzverlust verdeutlichen, die Frau wäre nicht mehr in der Lage, etwas zu verarbeiten.

Bei der Arbeit mit Frauen, die eine Psychose oder ein Borderline-Syndrom als Folgeerscheinung davongetragen haben, ist der stabilisierende Faktor in der Zusammenarbeit am wichtigsten. Regressive Arbeit ist ausgesprochen gefährlich, da sie den Verlust der Grenze zwischen früher und heute auslösen kann. Die Frau ist sich dann nicht mehr bewußt, daß sie sich im Therapieraum befindet, sondern verliert sich in den auslösenden Situationen und den damit verbundenen Gefühlen. Der Kontakt zur Therapeutin ist dann nicht mehr vorhanden, und diese kann der Frau nicht mehr helfen, einen Unterschied zwischen früher und heute festzustellen oder gar eine Reorganisation zu beginnen.

Es ist immer wichtig, den Kontakt zu Raum, Zeitpunkt und zur Person der Therapeutin durch die gesamte Therapiestunde zu gewährleisten, beispielsweise durch geöffnete Augen, regelmäßiges Sprechen miteinander und möglicherweise Körperkontakt, wenn die Frau Berührungen als hilfreich und unterstützend empfindet und akzeptieren kann. Eine Arbeit sollte im Stehen oder Sitzen stattfinden, nicht im Liegen.

Beim Vorliegen einer Psychose oder psychotischer Anteile ist es notwendig, zunächst die Verbindung zwischen Kopf und Gefühl, zwischen Kopf und Körper ganz vorsichtig wieder herzustellen, bevor überhaupt an irgendeine körperliche oder emotionale Aufarbeitung der auslösenden Situationen gedacht werden kann. Diese Arbeit muß mit viel Feingefühl ausgeführt werden, da es bei der Frau in der Regel extrem viel Angst auslöst, Gefühle und den Körper wieder zu empfinden. Sie hat die Verbindung aus Angst vor den Wahrnehmungen und in der unbewußten Hoffnung abgeschnitten, überleben zu können, wenn sie nichts mehr spürt. Wenn die Verbindung wiederhergestellt werden soll, begegnet die Frau dieser Angst, die eigenen Empfindungen nicht aushalten zu können. Es empfiehlt sich, die Verbindung nur vorsichtig und allmählich aufzubauen, um eine erneute Trennung zu vermeiden, die in Form einer psychotische Phase erfolgen würde.

Diese Bedingungen für die therapeutische Arbeit mit Frauen, die ihre Grenzen verloren haben, bedeutet nun nicht, daß ein Aufarbeiten früherer Erlebnisse nicht möglich wäre. Das Aufarbeiten darf nur nicht ohne eine vorhergehende Stabilisierungs- und Orientierungsphase erfolgen. Und bei der Arbeit mit auslösenden Situationen muß immer der Kontakt zu Ort, Zeit und Person der Therapeutin beachtet werden.

Zum Aufbau neuer Grenzen benötigt die Frau zunächst ein inneres Verstehen des Prozesses und der Erlebnisse, durch die sie ihre Grenzen verloren hat. Um konkrete Grenzen aufbauen zu können, ist sie intensiv auf die Unterstützung und auch Informationen seitens der Therapeutin angewiesen. Die Frau muß lernen, Verletzungen zu spüren, weil diese eine Grenzverletzung signalisieren. Sie muß lernen, was sie mag und was sie nicht mag, um sich abgrenzen zu können. Nein sagen zu jemandem oder etwas, den oder das sie nicht mag, kann sie mit Worten, Blicken und auch mit abwehrenden Gesten ihres Körpers.

Manchmal hilft es einer Frau auch, sich in der Phantasie neue Grenzen vorzustellen, an denen andere abprallen. Die Frau kann sich in ihrer Phantasie zum Beispiel ausmalen, in einem Haus zu sein, das durch einen Hof und eine Tordurchfahrt umschlossen ist. Wenn jemand vor dem Tor steht, kann sie ihn sich in Ruhe ansehen und beschließen, ob sie das Tor öffnen und ihn in den Hof treten lassen möchte oder nicht. Oder sie kann sich ein Energiefeld um sich herum vorstellen, das niemand ungebeten durchdringen darf.

Diese Vorstellungen sind für Frauen mit Grenzschwierigkeiten oft recht hilfreich, da sie gerade wegen der geringen oder fehlenden Grenzen sehr sensibel und durchlässig sind und mit solchen Bildern und Vorstellungen gut umgehen können.

Die Frau soll lernen, ihre Offenheit für Bilder sinnvoll und hilfreich für sich zu nutzen und gezielt mit positiven Bildern zu arbeiten.

Die Sensibilität, die mit den schwachen Grenzen anderen gegenüber zusammenhängt, hat es der Frau schon immer ermöglicht, vieles auch bei anderen zu spüren und emotionale und körperliche Signale anderer intensiv wahrzunehmen. Diese Wahrnehmungen waren für die Frau solange bedrohlich, wie sie nicht zwischen sich und anderen unterscheiden konnte und zu viele Informationen über andere auf sie einströmten, die sie nicht einordnen konnte. Hat sie es jedoch gelernt, alle Informationen auch von anderen sinnvoll einzuordnen, ist ihre Sensibilität eines ihrer besten Mittel, auf sich selbst und ihre Grenzen achten zu können. Sie kann mit dieser Sensibilität sofort wahrnehmen, welch ein Mensch ihr Gegenüber ist und ob er ihr gut tut oder nicht. Mit diesem genauen Wissen kann sie leicht entscheiden, ob sie jemandem ihre Grenzen öffnen möchte und in welcher Weise.

Bei der Betrachtung der sehr schwierigen und gefährlichen Arbeit mit Grenzproblemen bei Frauen wird noch einmal deutlich, wie verantwortungsbewußt die Therapeutin mit ihrer Arbeit umgehen muß. Frauen mit derartigen Grenzschwierigkeiten gehen in einer Selbsthilfegruppe ohne kompetente Leitung sofort das Risiko einer psychotischen Phase ein, wenn nicht ein sorgsamer Therapieprozeß mit einer für die Frau ausreichenden Stabilisierung vorangegangen ist.

Die Grenzen der Frau werden durch sexuelle Gewalt immer überschritten, und fast jede Frau hat als Folgeerscheinung mit Grenzproblemen zu kämpfen. Wenn man mit Frauen nach Gewalterfahrungen arbeitet, sollte man sich dieses immer wieder bewußt machen.

Fallbeispiel für Grenzverlust

Die siebenunddreißigjährige Karin kam mit einer schweren Depression in die Therapie. Sehr schnell zeigten sich auch Borderline-Anteile bei ihr, die sie rational durchaus bemerkte. Mit den fehlenden Grenzen gerade in Beziehungen kann Karin emotional dennoch nicht umgehen.

Als sie an ihrer Ablehnung dem Anblick alter Hände gegenüber arbeitet, zeigt sich, daß sie vom Großvater mit dessen alten Händen sexuell mißbraucht worden war.

Diese massive Grenzüberschreitung führte zu einem Verlust von klaren Grenzen in Beziehungen. Karin konnte mit Männern überhaupt nicht umgehen. Einerseits wünschte sie sich Nähe zu einem Mann, und wenn diese gegeben war, konnte sie nicht mehr ohne diese Nähe auskommen. Entweder distanzierte sich dann der Mann von ihr, oder sie distanzierte sich selbst massiv von ihm, um dieser Reaktion zuvorzukommen.

Karins Mutter hatte sich in der Kindheit kaum um sie gekümmert, der Vater ebensowenig. Karin lernte zusätzlich zum Grenzverlust durch den sexuellen Mißbrauch auch durch dieses Defizit nicht, mit Beziehungen umzugehen.

Sie kam in die Therapie mit einem einerseits unersättlich scheinenden Bedürfnis nach Nähe und andererseits mit einem unüberwindbaren Mißtrauen allen Menschen gegenüber. Um überhaupt thematisch arbeiten zu können, mußte zunächst einmal eine sichere und stabile Beziehung zu Karin aufgebaut werden. Sobald sie eine Form von Annäherung entwickelte, begann sie mich zu testen, ob ich sie bei schlechtem Verhalten genauso ablehnen würde wie sie dies von der Mutter erfahren hatte. In mancher Therapiestunde sprach sie kaum ein Wort und machte mir dieselben Vorwürfe wie sie dies auch der Mutter gegenüber tat. Sie kam auch nicht damit zurecht, daß andere Frauen, die sie aus einer Selbsthilfegruppe kannte, in die Therapie zu mir kamen und war offensichtlich eifersüchtig.

Vom Verstand her akzeptierte sie ihre eigenen emotionalen Reaktionen nicht, was ihre Ablehnung sich selbst gegenüber noch verstärkte. Dennoch tastete sie sich mit weiteren emotionalen Reaktionen vor. Oft versuchte sie, die Zeit der Stunde zu überziehen oder machte enttäuschte Bemerkungen darüber, daß „die Zeit ja nun wohl abgelaufen sei". Unbewußt versuchte sie eine Zeitverlängerung dadurch zu erzielen, daß sie nach einer Stunde Schweigens ganz kurz vor dem Ende der Stunde eine emotionale Reaktion zeigte. Einmal lief sie weinend aus dem Haus und klingelte dann wieder aus Angst, alle Akzeptanz und Zuneigung verloren zu haben.

Da Karin sich aber immer mit ihren Reaktionen auseinandersetzte und den Kontakt nie abbrach, sondern spätestens am darauffolgenden Tag noch einmal anrief und sich um eine Klärung bemühte, konnte allmählich eine klare und stabile Beziehung aufgebaut werden, die viel Vertrauen beinhaltet. Auf dieser Grundlage konnte die inhaltliche Arbeit erfolgen. Karin hat in der Therapie vieles darüber gelernt, wie sie mit Beziehungen umgehen kann. Von diesen Erfahrungen profitiert sie auch außerhalb der Therapie. Sie spürt ihre eigenen Grenzen und die anderer Personen deutlicher und kann bewußter mit anderen umgehen. Manchmal zieht sie sich noch zu schnell in ihre Grenzen zurück; so hat sie sich auch noch nicht wieder auf eine Beziehung zu einem Mann eingelassen. Aber Karin wird allmählich immer sicherer im Umgang mit anderen.

13. Umgang mit sich selbst

Entstehung des Umgangs mit sich selbst

Die Frau wurde vom Täter gewaltsam behandelt, zu seinen Zwecken benutzt und als Objekt betrachtet. Sie fühlt sich nach sexuellen Gewalterfahrungen so, wie sie vom Täter behandelt wurde: wertlos, wie ein Gegenstand, ohne Seele und Gefühle, nicht mehr als Mensch.

Ein Gefühl von Hilflosigkeit und von Wertlosigkeit bleibt zurück. Sie hat sich nicht wehren können und mußte ohnmächtig mit sich geschehen lassen, was immer dem Täter gerade einfiel. Er verachtete die Frau, sah sie nicht als Person, und in der Folge davon verachtet die Frau sich selbst und kann sich nicht mehr als Person und eigenes Wesen empfinden.

Der Täter hat alle nur möglichen Grenzen überschritten und ist in ihren Intimbereich eingedrungen. Die Frau fühlt sich wehrlos, den Übergriffen nicht gewachsen und schämt sich.

Sie fühlt sich schuldig für das, was geschehen ist. Besonders als Kind begreift sie nicht, warum jemand sie so schlecht behandelt. Wenn der Vater oder ein anderer naher Verwandter oder Bekannter der Täter ist, so denkt sie, daß dieser „schon richtig handelt", besonders wenn sie nicht eigenständig erzogen wurde. Wenn der Vater aber richtig gehandelt hat, kann sie sich sein Verhalten nur noch dadurch erklären, daß sie selbst schlecht sei und eine solch gewaltsame Behandlung verdient habe.

Das Mädchen ist in der Regel isoliert und spricht mit niemandem über ihre Gewalterfahrungen. Gerade in einer isolierten Situation wirkt sich die Form der Behandlung durch andere besonders intensiv auf die Eigenwahrnehmung aus. Das Mädchen hat keine Möglichkeit, andere Erfahrungen zu machen und diese mit den Erlebnissen mit dem Täter zu vergleichen. Selbst wenn das Mädchen manchmal noch das Gefühl hat, daß alles nicht so recht stimmt, was mit ihr gemacht wird, so zweifelt sie doch immer mehr an sich selbst, wenn das gesamte Umfeld sie schlecht behandelt.

Wenn der Täter der Vater oder ein anderer ihr nahestehender Mensch ist, so mißbraucht er das Vertrauen des Mädchens, das sie ihm wie alle Kinder auf natürliche Weise entgegenbringt. Ein Kind braucht den Erwachsenen, um zu überleben und ist abhängig von ihm. Ein Kind wird immer zunächst offen auf Erwachsene zugehen und ihnen vertrauen. Wird dieses Vertrauen jedoch mißbraucht, so entsteht Mißtrauen beim Mädchen. Sie mißtraut in der Folge möglicherweise jedem und ist gar nicht mehr in der Lage, Vertrauen aufzubringen. Das Mißtrauen erstreckt sich auch auf Außenstehende, auf Lehrer, Nachbarn, Freunde und Freundinnen. Das Mädchen zieht sich zurück und isoliert sich von allen anderen.

Die Isolation wirkt weiterhin verstärkend auf ihr Gefühl, komisch und anders als andere Mädchen zu sein. Oft isoliert der Täter die gesamte Familie vom sozialen Umfeld. Das Mädchen darf kaum das Haus verlassen, und ihre Kontakte werden streng kontrolliert. Auf diese Weise kann sie nicht lernen, auf angemessene Weise mit anderen umzugehen und kann keine normale Kontaktfähigkeit entwickeln. Sie kann keine Vergleiche ziehen mit dem Leben anderer Mädchen, deren Leben anders und besser verläuft als ihres.

Ebensowenig kann die Fähigkeit aufgebaut werden, sich mit anderen auseinanderzusetzen und Konflikte zu bestehen. Das Mädchen kann sich dem Täter gegenüber nicht wehren oder durchsetzen. Sie wird alles widerspruchslos über sich ergehen lassen. Auch in Kontakten außerhalb des Hauses wird sie dazu neigen, sich alles gefallen zu lassen und sich nicht zu wehren, weil sie es nicht gelernt hat, sich für sich selbst einzusetzen.

Da sie vom Täter schlecht behandelt wird, fühlt sie sich schlecht und unwert. Das Mädchen kann weder ein gesundes Selbstwertgefühl noch Selbstbewußtsein aufbauen. So scheitert sie in den kommenden sozialen Kontakten. Dieses Scheitern verstärkt noch ihr Gefühl, nichts wert zu sein und damit auch keine bessere Behandlung zu verdienen. Das Mädchen macht zunehmend sich selbst verantwortlich für das, was ihr vom Täter – oder auch in der Zukunft von weiteren Tätern – zugefügt wird. Zu diesem Zeitpunkt wird sie sich schon aus diesem Grunde niemandem anvertrauen, um sich Hilfe zu holen.

Die einzige Motivation für ein Mädchen, den sexuellen Mißbrauch aufzudecken, besteht dann nur noch darin, dadurch jemand anderen zu schützen, den sie selbst als wertvoll genug erachtet, beispielsweise die kleinere Schwester. Diese Situation ist häufig in der Tat der einzige Auslöser dafür, daß ein sexuell mißbrauchtes Mädchen das oft jahrelange Schweigen bricht.

Eine hilfreiche Alternative entsteht für das Mädchen dann, wenn es einer Person begegnet, die ihr Offenheit für das Thema Gewalt signalisiert, so daß sie allmählich erkennen kann, daß nicht sie selbst, sondern der Täter für den Mißbrauch verantwortlich ist. So kann sie lernen, über ihre Erfahrungen zu sprechen.

Das Mädchen ist durch die Gewalterlebnisse körperlich und psychisch sehr belastet. Zum einen versteht sie nicht, was ihr eigentlich zugefügt wird und warum, und sie bemüht sich, einen Grund und eine Erklärung dafür zu finden. Sie denkt ständig oder fast ständig über die Gewalterlebnisse nach. Ihr Denken und Fühlen sind völlig beansprucht von der inneren Auseinandersetzung mit den Gewalterlebnissen. Da sie letztendlich allein keine befriedigende Lösung für sich finden kann, drehen sich ihre Gedanken im Kreis, endlose Gedankenketten, die nicht zu Ende gedacht werden können und für die es keine abschließende Lösung gibt. Das Mädchen ist so sehr mit diesen Gedanken oder ihren Verdrängungsmechanismen beschäftigt, daß ihr kaum noch Raum bleibt, sich auf andere Inhalte zu konzentrieren. Sie leidet nach außen hin erkennbar unter Konzentrationsstörungen. Dieses fällt in der Regel hauptsächlich in der Schule auf. Sie erbringt unter Umständen nur schlechte Leistungen, obwohl sie ohne die ständige Belastung durch den sexuellen Mißbrauch wesentlich besser lernen und leisten könnte.

Die Konzentrationsstörungen finden sich auch noch bei erwachsenen Frauen, es zeigen sich Einbußen in der Lern- und Leistungsfähigkeit. Die Frau hat oft auch wenig Mut, etwas zu beginnen, weil sie sich keine Leistungen mehr zutraut. Sie kann häufig schlecht schlafen, weil die Gedankenketten sich im Kopf bewegen, ohne je ein Ende zu finden. Die Gedanken drehen sich nicht nur um die Gewalterlebnisse, sondern um alle Situationen des Alltags, für die sie in Ermangelung entsprechend positiver Lernerfahrungen auch keine Lösungen finden kann.

Schlafstörungen entstehen auch dann, wenn der Täter die Frau nachts mißbraucht hat. Die Frau wurde nachts wach aus Angst vor dem Täter und aus dem Wunsch heraus, sich zu schützen. Dies kann zu Einschlafstörungen geführt haben, aber auch zu häufigem nächtlichem Aufwachen.

Symptomatik

Erkennbar ist die Frau an ihrem zurückgezogenen, scheuen und mißtrauischen Verhalten. Sie isoliert sich völlig oder weitgehend von Kontakten jeder Art. Sie hält sich für wertlos und wehrt sich nicht gegen Angriffe. Sie läßt alles über sich ergehen. Sie kann weder gut mit sich selbst umgehen, noch mit anderen. Sie lehnt sich selbst ab bis hin zu exzessivem Selbsthaß. Der fehlende Bezug zur eigenen Person und die starke Ablehnung ihrer selbst kann bis zur Selbstzerstörung in Form eines Suizids führen.

Konzentrations- sowie Schlafstörungen werden von der Frau in der Regel selbst als Probleme erkannt, ohne daß sie jedoch weiß, wie diese Schwierigkeiten entstanden sind. Selbst wenn sie von den sexuellen Gewalterfahrungen weiß, bringt sie diese selten mit ihren Konzentrations- und Schlafstörungen in Zusammenhang.

Therapieziele

Ein Therapieziel besteht darin, daß die Frau die wirklichen Zusammenhänge erkennen lernt und begreift, daß nicht sie es ist, die schlecht und wertlos ist, sondern der Täter. Sie muß erkennen, daß er es ist, der die Schuld an allem trägt, der ihre Abhängigkeit und ihr Vertrauen mißbraucht und sie so schlecht behandelt hat. Sie muß wissen, daß ein solch gewaltsamer Umgang mit einer Frau, wie der Täter dieses an ihr gezeigt hat, gegen die menschlichen Grundrechte verstößt, und niemand eine solche Behandlung verdient hat, schon gar nicht ein wehrloses Kind.

Die Frau muß nun all das aufbauen, was die Gewalt des Täters verhindert hat: Selbstwertgefühl, Selbstbewußtsein, Konfliktfähigkeit, Wehrhaftigkeit und Kontakt mit anderen.

Allmählich muß sie lernen, wieder zu vertrauen, indem sie unterscheiden lernt zwischen Menschen, die gut mit ihr umgehen und die Vertrauen verdient haben, und Menschen, denen gegenüber sie mit Recht mißtrauisch und ablehnend sein sollte.

Durch therapeutische Arbeit an sich kann die Frau allmählich ihre Isolation durchbrechen und lernen, sich mit anderen auszutauschen und Freude zu erleben.

Die Selbstzerstörungsbestrebungen müssen beendet werden, indem die Frau erkennt, daß nicht sie selbst die Person ist, die abgelehnt werden müßte, sondern der Täter.

Auch die Konzentrationsstörungen müssen abgebaut werden. Dies ist dadurch möglich, daß die Frau zunächst ihre Gedanken spürt und diejenigen erkennt, die sie nicht zu Ende denken kann. Ziel ist dann, die Gedanken mit der Frau zu bearbeiten und Lösungen zu finden, so daß Gedankenketten abgeschlossen werden können. Wenn die Frau Gedanken beenden und Lösungen finden kann, kann sie auch wieder schlafen, da sie sich entspannen kann.

Für den Fall, daß die Schlafstörungen die Folge von nächtlichen sexuellen Gewalterfahrungen sind, müssen diese bearbeitet werden. Die Frau muß lernen, sich nachts sicher zu fühlen und in Ruhe schlafen zu können, weil der Täter nun nicht mehr in ihre Wohnung oder ihr Zimmer kommen kann. Sie muß den Unterschied spüren zwischen der Bedrohung durch Gewaltsituationen in der Vergangenheit im Gegensatz zu der jetzigen Sicherheit.

Die therapeutische Arbeit

Die therapeutische Arbeit besteht zunächst verstärkt darin, daß die Therapeutin der Frau Informationen darüber gibt, wer die Verantwortung bei sexuellem Mißbrauch trägt. Weiterhin benötigt die Frau Unterstützung bei der Klärung aller mit dem sexuellen Mißbrauch in Verbindung stehenden Zusammenhängen. Sie muß genau erkennen können, wer wessen Rechte beschnitten und wer sich wann und wodurch falsch verhalten hat. In diesen Klärungsprozeß mag auch das Verhalten des Umfeldes, der Familie, der Mutter einbezogen werden müssen, um der Frau zu verdeutlichen, warum sie sich nicht hat wehren können und warum sie den Mißbrauch nicht aufdecken konnte. Möglicherweise hat der Täter ihr gedroht, sie komme in ein Heim oder die Mutter werden böse auf sie sein, wenn sie ihr vom Mißbrauch erzählen würde, oder die Mutter würde schlecht von ihr denken. Möglicherweise hat die Mutter den Mißbrauch geduldet, vielleicht aus eigenen Mißbrauchserfahrungen heraus, die es ihr unmöglich machten, ihr eigenes Kind dagegen zu schützen. Möglicherweise hat der Täter sie gegen die Mutter aufgehetzt, Mutter und Tochter gegeneinander ausgespielt, um so das Risiko auszuschließen, daß der Mißbrauch aufgedeckt wurde.

Sind der Frau diese Zusammenhänge in Bezug auf den sexuellen Mißbrauch deutlich, benötigt sie weitere Unterstützung, um die Dynamik ihrer eigenen daraus entstandenen Reaktionen begreifen und spüren zu lernen. Sie braucht die Erkenntnis, wie ihre Selbstablehnung entstanden ist und warum sie nicht sich selbst, sondern den Täter ablehnen sollte.

Weiterhin müssen – wie immer – die auslösenden traumatischen Situationen erinnert, bearbeitet und verarbeitet werden. Auch hierbei ist immer wieder die Orientierung der Therapeutin zur Klärung der Zusammenhänge notwendig. Dies kann zu Diskussionen mit der Frau führen, auf die sich die Therapeutin in deren Interesse einlassen sollte. Die Therapeutin braucht Geduld mit der Frau, denn es ist ein mühsamer Prozeß, eine solch massive Selbstablehnung und Selbstverachtung abzubauen und sich stattdessen akzeptieren zu lernen.

Zur Bearbeitung der Konzentrations- und der Schlafstörungen ist es ebenfalls notwendig, daß die Frau die Entstehungsgeschichte gemeinsam mit der Therapeutin bearbeitet. Dies kann zunächst einmal informativ von Seiten der Therapeutin geschehen, indem sie der Frau darstellt, wie diese Störungen infolge sexueller Gewalterlebnisse entstehen. Wichtig ist dann die konkrete Arbeit an den Konzentrationsstörungen. Die Frau kann beispielsweise ihren Kopf fragen, was in ihm vor sich geht. In der Regel wird die Antwort darin bestehen, daß Gedankenketten arbeiten, die sie nicht beenden kann oder daß ein Chaos in ihrem Kopf herrscht. Nach der üblichen Methode kann erarbeitet werden, wann und wie das Chaos in den Kopf kam. Im Anschluß daran muß die auslösende Situation bearbeitet und durch eine Reorganisation verarbeitet werden. Die Frau spürt, daß sie zum Zeitpunkt des Mißbrauchs keine Lösung hätte finden können, weil sie klein und abhängig war, ihr jetzt im Erwachsenenalter aber durchaus Lösungen für diese und ähnliche Situationen einfallen.

Sie macht die Erfahrung, daß Gedanken zu Ende gedacht und Lösungen gefunden werden können. Sie bekommt Mut, daß Probleme angefaßt und beseitigt werden können, und mit der Zeit ist sie allein in der Lage, Gedanken zu Ende zu denken und Lösungen zu finden. Die Konzentrationsstörungen lassen nach und sind schließlich ganz beseitigt.

In der Folge davon kann die Frau leichter lernen. Sie kann Inhalte auffassen, im Gedächtnis speichern und sich neue Möglichkeiten erschließen. Ihr Kopf ist jetzt geleert von den endlosen Gedankenketten und frei für neue Inhalte, für die sie sich interessiert.

Sind die Gedankenketten beseitigt, kann die Frau in der Regel auch wieder schlafen. Sollte es dann immer noch Probleme mit dem Schlafen geben, kann die Therapeutin mit der Frau eine solche Einschlafsituation durcharbeiten und nach den Ursachen suchen. Dasselbe gilt für Situationen, wenn die Frau nachts aufwacht und nicht wieder einschlafen kann. Hierbei muß unter Umständen eine auslösende Situation bearbeitet werden, wenn die Frau deshalb nachts aufwacht, weil der Täter immer nachts kam.

Fallbeispiel

Die dreiundzwanzigjährige Marina lehnt sich infolge ihrer extremen sexuellen Gewalterfahrungen stark ab. Sie mag nicht nur ihren Körper nicht, sondern verachtet sich als ganze Person. Der einzige Punkt in sich selbst, auf den sie stolz sein kann, ist, daß sie niemals so gewaltsam gehandelt hat wie ihr Vater und daß sie in ihrem Wesen ganz anders ist. Darauf bauen sich die Gespräche und Diskussionen mit Marina auf.

Sie weiß nun inzwischen recht gut, daß der Vater dafür verantwortlich ist, daß es ihr so schlecht geht.

Da Marina nichts anderes als Vernachlässigung, Ablehnung und Gewalt in ihrer Kindheit erlebt hat, kann sie sich auch kaum vorstellen, wie das Leben eines Mädchens aussähe, das geliebt und nicht mißbraucht wird.

Alle körperlichen Ähnlichkeiten zum Vater lehnt sie an sich ab, und sie muß noch lernen, diese körperlichen Eigenschaften als zu ihrer Person gehörend zu akzeptieren und sich ganz und gar vom gewaltsamen Vater abzugrenzen.

14. Umgang mit Beziehungen

Entstehung des Umgangs mit Beziehungen

Die Entstehung der Probleme im Umgang mit anderen Menschen wurde im vorherigen Kapitel schon weitgehend geschildert. Sie soll hier noch einmal kurz zusammengefaßt und durch einige wenige Punkte ergänzt werden. Genannt wurden im vorhergehenden Kapitel die Aspekte des Mißtrauens und der Isolation anderen gegenüber sowie die Unfähigkeit, auf andere zuzugehen oder sich gegen Angriffe anderer zur Wehr zu setzen.

Aus den genannten Unsicherheiten im Umgang mit anderen resultiert häufig ein starkes Anpassungsverhalten. Durch die gewaltsamen Erlebnisse ist weiterhin eine massive Angst vor anderen Menschen entstanden, die die Frau in sozialen Kontakten spürt und sie dazu bewegt, sich zurückzuhalten und sozialen Kontakten weitgehend auszuweichen. Oft meidet die Frau gezielt Männer, manchmal bezieht sich die Angst auch auf alle Personen, unabhängig vom Geschlecht.

Aus den fehlenden Grenzen kann sich im Gegensatz zu dem oben Dargestellten aber auch ein distanzloses Verhalten anderen gegenüber entwickeln: die Frau geht wahllos auch auf Fremde zu und verhält sich vertrauensselig und intim, oft völlig unangemessen in Anbetracht der Fremdheit der anderen Person. Die Frau hat nicht gelernt, wie sie mit anderen umgehen kann. Sie überträgt die Grenzverletzung, die sie durch den Täter erfahren hat, auf den Umgang mit anderen, indem sie auch deren Grenzen überschreitet, ohne dies zu bemerken.

Im Kontakt mit anderen machen sich insgesamt Übertragungsprobleme bemerkbar. Infolge der verletzten Grenzen verwischen sich für die Frau Unterschiede zwischen bekannten und unbekannten Personen. Wenn jemand dem Täter beispielsweise zufällig im Äußeren ähnlich sieht, wird die Frau ihn meiden, weil der Mann in ihr dieselben Gefühle auslöst, als stünde sie dem Täter gegenüber. Verhalten, das dem Täter gegenüber angebracht wäre, zeigt die Frau allen Menschen gegenüber, ohne unterscheiden zu können, wieweit dies berechtigt ist oder nicht. Diese Übertragungsprozesse werden von ihr in der Regel nicht bewußt wahrgenommen.

Eine oft fatale Folgeerscheinung im Umgang mit Beziehungen besteht darin, daß die Frau sich einen ebenso gewaltsamen Partner sucht wie der Täter gewesen ist. Die Ursache hierfür liegt darin, daß die Frau oft keine anderen Männer als den Täter näher kennengelernt hat, besonders wenn der Vater der Täter war. Sie hat nie vergleichen gelernt zwischen Tätern und Männern, die sich nicht gewaltsam verhalten.

Da bei der Partnersuche generell, wenn auch unterbewußt, Ausschau gehalten wird nach etwas Vertrautem, ist die Gefahr groß, daß die Frau einen Mann zum Partner wählt, der ihr deshalb so vertraut vorkommt, weil seine Art und seine Verhaltensweisen genauso gewaltsam sind wie die des Täters.

Oft wundert sich die Frau dann nicht einmal darüber, wenn sie vom Partner auch wieder gewaltsam behandelt wird, da sie nichts anderes kennt. Sie glaubt dann, alle Männer seien gewaltsam. Dazu kommt, daß sie sich sowieso die Schuld für alles gibt. Dann liegt es nahe, daß sie nun zusätzlich überzeugt ist, nichts Besseres verdient zu haben, da der Partner sie ebenfalls gewaltsam behandelt.

Ein Risiko bei dieser Form der Partnerwahl besteht darin, daß sich die Frau als Vater ihrer eigenen Kinder einen Mann aussucht, der ihre Kinder mit großer Wahrscheinlichkeit auch mißbrauchen wird, so wie der Vater es mit ihr getan hat. Sie holt sich den Täter für die nächste Generation unbewußt ins Haus, da ihr Vergleichsmöglichkeiten fehlen.

Wenn die Frau weder Selbstbewußtsein noch Wehrhaftigkeit hat aufbauen können infolge selbst erlebten sexuellen Mißbrauchs, ist sie immer noch nicht in der Lage, ihre Kinder gegen den Partner zu schützen, selbst wenn sie die Notwendigkeit dessen schon erkennt. Sie hat ganz einfach Angst und kann sich nicht vorstellen, daß sie dazu in der Lage wäre, sich gegen einen solchen Mann durchzusetzen und die Kinder vor ihm zu schützen.

Es ist also nicht sinnvoll, Müttern die Schuld zu geben, daß sie ihre Kinder nicht ausreichend geschützt haben, sondern es empfiehlt sich, zunächst einmal zu fragen, warum eine Mutter dazu nicht in der Lage war. Natürlich trägt die Mutter die Verantwortung für ihre Kinder, und dazu gehört auch, sie gegen sexuellen Mißbrauch zu schützen. Mütter sind in dem, was sie leisten können, durch ihre Erfahrungen geprägt (Breitenbach) und benötigen Rückendeckung und Unterstützung durch ihr persönliches Umfeld und durch entsprechende Fachleute statt unreflektierter Schuldvorwürfe, um schließlich in der Lage zu sein, die Verantwortung für den Schutz ihrer Kinder übernehmen zu können.

Durch die beschriebene Form der Partnerwahl wird sexueller Mißbrauch von einer Generation in die nächste weitergegeben. Häufig zeigt sich in solchen Mißbrauchsfamilien, daß sexuelle Gewalt über Generationen und bis in alle Zweige der Familie stattgefunden hat und weiterhin stattfindet. Dabei hat die Therapeutin das beklemmende Gefühl, vor einem großen, tiefen Morast zu stehen.

Wenn die Frau diese Zusammenhänge erkennt und den eigenen sexuellen Mißbrauch verarbeitet, ist sie in der Lage, ihre Kinder zu schützen. Wenn sie offen über ihre Erlebnisse sprechen kann, weil sie Schuld- und Schamgefühle inzwischen abgebaut hat, kann sie den Mißbrauch und die gesamten Mißbrauchsstrukturen in der Familie offenlegen, was bedeutet, eine Bombe in den Morast zu werfen. Zu diesem Zeitpunkt muß die Frau schon stark genug sein, zu ihrem Standpunkt aus innerer Überzeugung zu stehen und sich gegen Angriffe von Familienmitgliedern wehren zu können. Diese kommen unweigerlich auf sie zu, wenn sie den familiären sexuellen Mißbrauch an allen Stellen aufdeckt.

Symptomatik

Die Frau zeigt sich in Beziehungen zu anderen in der Regel scheu, zurückhaltend, ängstlich und mißtrauisch. Nähere Beziehungen, oft insbesondere Männern gegenüber, versucht sie zu vermeiden. Oft lehnt sie Beziehungen zu Männern völlig ab. Die Unsicherheit im Umgang mit Beziehungen zeigt sich auch im Umgang mit der Therapeutin. Erst wenn die Frau Vertrauen zur Therapeutin aufgebaut hat, ist es möglich, auslösende Situationen zu bearbeiten.

Falls die Frau sich distanzlos in Beziehungen verhält, wird sie dies der Therapeutin gegenüber ebenfalls zum Ausdruck bringen.

Therapieziele

Ein Therapieziel besteht darin, die gewaltsamen Erlebnisse zu verarbeiten und die negativen Folgeerscheinungen, die sich in Beziehungen mit anderen zeigen, abzubauen. Die Frau sollte lernen, sich nur noch denen mißtrauisch und ablehnend gegenüber zu verhalten, bei denen dieses Verhalten auch berechtigt ist. Sie muß lernen, allmählich Vertrauen zu Menschen aufzubauen, die gut mit ihr umgehen, soziale Kontakte zu genießen und zum Austausch nutzen zu lernen. Um zwischen Menschen, die ihr gut tun und solchen, die ihr schaden, zu unterscheiden, muß sie entsprechende Maßstäbe zu dieser Bewertung erlernen.

Ist die Frau distanzlos in Beziehungen, muß sie lernen, Grenzen um sich herum aufzubauen und andere Personen näher anzusehen. Sie muß ebenfalls unterscheiden lernen, auf wen sie wirklich zugehen möchte und bei wem dieses Verhalten unangebracht ist. Sie muß ihr Verhalten an der Qualität einer Beziehung messen lernen und sich nur noch Menschen gegenüber so offen verhalten, deren Nähe ihr gut tut und zu denen sie durch einen entsprechenden Prozeß des Kennenlernens eine fundierte Nähe aufgebaut hat.

Wichtig ist auch, eine eventuell bestehende Beziehung zu einem Partner daraufhin zu überprüfen, ob der Partner genauso gewaltsam mit ihr umgeht wie der Täter dies getan hat. Es kann eventuell notwendig werden, sich von diesem Partner zu trennen, falls dieser nicht bereit ist, an seinem gewaltsamen Verhalten zu arbeiten und es abzubauen. Denn ein gewaltsamer Partner erneuert täglich wieder die Gewalterfahrungen der Frau, und sie kann das Erleben von Gewalt für sich nicht beenden, sondern wird ständig wieder traumatisiert.

Die therapeutische Arbeit

Zunächst muß die Therapeutin das Vertrauen der Frau erlangen. Dies ist ein intensiver Arbeitsprozeß für sich. Die Frau wird die Therapeutin manche Male überprüfen und sie testen, ob sie wirklich ihr Vertrauen verdient. Bei diesem Überprüfungsprozeß, der durch die Therapeutin offen angesprochen werden sollte, kann sie mit der Frau gemeinsam Kriterien erarbeiten, anhand deren diese die Überprüfung durchführen kann. Die Kriterien kann die Frau dann sogleich auch in ihrem Alltag verwenden, um andere Personen auf deren Vertrauenswürdigkeit zu überprüfen.

Im Zusammenhang mit dem Vertrauensaufbau sei noch einmal auf die Schweigepflicht hingewiesen, die unbedingt eingehalten werden muß. Die Therapeutin kann das gewonnene Vertrauen durch eine unbedachte Handlung schnell wieder verlieren, und eine therapeutische Arbeit ist dann nicht mehr möglich, wenn die Therapeutin das Vertrauen der Frau genauso mißachtet hat wie der Täter.

Erst wenn das Vertrauen der Frau aufgebaut wurde, ist eine Verarbeitung der Gewalterlebnisse möglich. Im Anschluß daran braucht die Frau viel Mut, um im Kontakt mit anderen ein anderes als das bisherige Verhalten zu entwickeln. Es ist schwer für sie, die Angst vor erneuten Enttäuschungen zu überwinden. Manchmal hat sie sich schon so sehr an ihr einsames Leben gewöhnt, daß sie nur schwer zulassen kann, ihr Leben mit anderen zu teilen. Sie hat Gedanken und Gefühle immer mit sich allein herumgetragen, und es ist schwierig für sie, sich mit ihren Gedanken und Gefühlen anderen gegenüber zu öffnen.

Der Umgang mit anderen Menschen ist selbstverständlich auch nicht immer angenehm. Die Frau muß akzeptieren lernen, daß es in jeder Beziehung, gleich welcher Art diese auch immer sein mag, Probleme und Konflikte gibt, daß diese aber bei einer guten Beziehung angesprochen und bewältigt werden können – im Gegensatz zu den Erfahrungen, die die Frau mit dem Täter gemacht hat und für die es keine Lösung gab.

Bei Problemen und Konflikten tritt schnell das Risiko auf, daß die Frau sich erneut zurückzieht und isoliert. Sie braucht den ständigen Austausch mit der Therapeutin über ihre Erlebnisse und oft auch deren Bestätigung und Unterstützung ihrer Sichtweise und Handlung.

Übertragungssituationen in Beziehungen zu anderen müssen beleuchtet werden, und die Frau muß unterscheiden lernen, wo jemand dem Täter wirklich ähnlich ist, also auch eine Täterstruktur hat, oder ob jemand dem Täter in unwesentlichen äußeren Merkmalen ähnlich ist und dieses keinen Grund darstellt, ihn abzulehnen oder zu meiden.

Falls der Partner ebenfalls eine Täterstruktur aufweist und nicht bereit ist, sich zu ändern, kann es notwendig werden, daß die Therapeutin die Frau bei einer dann möglicherweise notwendigen Trennung unterstützt und ihr Mut macht. Die Frau muß lernen, daß es Beziehungen geben kann, auch zu Männern, in denen sie nicht gewaltsam behandelt wird. Dann kann sie wählen, ob und mit wem sie eine Beziehung haben möchte und wird nicht mehr unterbewußt in ihrer Partnerwahl reagieren.

Fallbeispiel

Karin hat sich schon als kleines Kind infolge des sexuellen Mißbrauchs extrem in sich zurückgezogen, da niemand ihr geholfen hat. Sie hatte zu niemandem in der Familie einen emotionalen Kontakt und lebte völlig in sich zurückgezogen und isoliert. Wenn sie Kummer hatte, ging sie zu einer Mauer im Garten und klagte dieser ihr Leid oder schrieb Sätze auf die Steine, sobald sie schreiben konnte. Sie empfand ihr Leben als nur an dieser Mauer existierend. Zu anderen Kindern konnte sie keinen Kontakt aufbauen. Das wirkliche Leben spielte sich hinter der Mauer ab, und Karin hatte keinen Anteil daran.

Karin lebt auch heute noch allein in einer Wohnung. Sie hat bisher keine tiefergehenden Freundschaften zu anderen aufgebaut. Im Zusammenhang mit der Therapie bemühte sie sich zeitweilig um andere

Frauen; doch traten auch nur die kleinsten Enttäuschungen auf, zog Karin sich sofort wieder zurück. Mit Problemen und Konflikten fühlt sie sich in vielen Bereichen noch überfordert. Im Rahmen der Schule, die sie inzwischen besucht, kann sie nun aber schon Kontakte zu den Mitschülern aufbauen. Auch private Inhalte tauchen allmählich zunehmend in den Gesprächen auf. Karin wagt aber den Schritt noch nicht, jemanden aus der Schule zu sich nach Hause einzuladen. Sie benötigt noch viel Mut, sich auf neue Erfahrungen einzulassen, um für sich feststellen zu können, daß nicht alle Menschen Gewalttäter wie der Großvater oder desinteressiert wie die anderen Mitglieder der Familie sind.

15. Umgang mit Sexualität

Entstehung des Umgangs mit Sexualität

Der Täter hat seine Sexualität der Frau aufgezwungen und ihren Körper zur Befriedigung seiner eigenen Interessen benutzt, nicht etwa, wie im positiven Sinne vorstellbar, zum Herstellen von Nähe, von Wärme und zum Ausdruck liebevoller Gefühle.

Sexualität hat für die Frau keinerlei positive Bedeutung mehr, sondern sie empfindet sie nur noch als etwas Schmutziges und Ekelhaftes – wozu der Täter die Sexualität auch gemacht hat. Einen Penis empfindet die Frau als Waffe und Bedrohung und verbindet den Anblick daher mit den gewaltsamen Erlebnissen. Sie ekelt sich und hat Angst vor einem Penis.

So wie sie durch ihre gewaltsamen Erfahrungen jegliche Sexualität ablehnt, so lehnt sie damit auch gleichzeitig ihre eigenen Geschlechtsorgane ab, die gewaltsam behandelt wurden. Sie mag sich selbst nicht sehen, nicht berühren und auch von anderen nicht gesehen oder berührt werden.

Eine Frau, die im Erwachsenenalter sexuelle Gewalt erlebt, kann noch vergleichen zwischen dem Gefühl der Ablehnung und des Ekels Sexualität gegenüber, das sie nach der Gewalterfahrung empfindet, und dem, was sie möglicherweise zuvor positiv empfunden hat – sofern sie eine gesunde sexuelle Entwicklung in ihrem Leben hatte.

Ein Mädchen, dessen sexuelle Entwicklung noch gar nicht abgeschlossen ist, hatte noch keine Chance, eine positive Beziehung zur Sexualität und zu ihren eigenen Geschlechtsorganen aufzubauen. Sie kann sich nicht vorstellen, was eine positive Sexualität ist und was sie bedeuten könnte.

Durch die sexuelle Gewalt wird die natürliche sexuelle Entwicklung des Mädchens gestört, ja oft zerstört. Die Entwicklung bleibt stehen. Wird ein Mädchen beispielsweise im Alter von 3 bis 4 Jahren sexuell mißbraucht, nachdem sie gerade begonnen hat, sich selbst zu berühren und zu streicheln, lehnt sie ihre Scheide nach dem sexuellen Mißbrauch ab, berührt sich nicht wieder und vermeidet auch alle weiteren Schritte zur normalen sexuellen Entwicklung. Sie wird andere in Form von Doktorspielen nicht ansehen oder berühren, wird sich vor anderen verstecken und sich weder ansehen noch berühren lassen. Sexuelle Kontakte in der Pubertät wird sie in der Folge davon auch vermeiden. Eine gesunde sexuelle Entwicklung hat dann vom Zeitpunkt des sexuellen Mißbrauchs an nicht mehr stattgefunden.

Vielleicht nimmt sie als Frau irgendwann doch eine Beziehung zu einem Mann auf. Da Sexualität allgemein zu einer partnerschaftlichen Beziehung gehört, akzeptiert sie diese schließlich. Aber die Frau wird die Sexualität mit dem Mann immer als unangenehm und vielleicht eklig erleben. Sie wird sich selbst nicht spüren und nicht fallenlassen können. Ein Orgasmus wird in der Folge kaum noch erreicht.

Wenn ein Mädchen andererseits das Masturbieren als eine Form des Spannungsabbaus entdeckt hat, kann es zu Masturbation in zwanghafter Weise kommen. Sie beendet die Masturbation nicht, auch wenn sie von anderen dazu aufgefordert wird, sondern führt sie auch in Gegenwart anderer durch. Ein solch exzessives Masturbieren ist laut amerikanischen Beobachtungen ein klares Indiz dafür, daß ein Mädchen sexuell mißbraucht wurde. (Sgroi, Bunk & Wabrek) Wenn Sexualität dann vom Mädchen im weiteren Verlauf seines Lebens durchgängig mit dem Ziel des Abbaus von Spannungen benutzt wird, entsteht promiskuitives Verhalten. Das Mädchen hat sexuelle Kontakte zu beliebigen Partnern, da es ihr nicht um den Kontakt zu einer Person geht, sondern nur um den körperlichen sexuellen Ablauf, der ihr die gewünschte Entspannung bringt.

Sexualität wird von der Frau nicht nur aus Abscheu sexuellen Verhaltens oder ihren eigenen Genitalien oder denen des Mannes gegenüber vermieden, sondern kann auch aus Angst heraus abgelehnt werden. Die Frau hat häufig Angst davor, ein Mann könnte sie ebenso gewaltsam behandeln wie der Täter.

Die gewaltsame Behandlung der genitalen Körperregionen führt weiterhin dazu, daß die Frau ihren Körper in diesen Bereichen anspannt. Die Verspannungen bewirken, daß sie wenig oder gar nichts mehr fühlt und Berührungen nicht spürt, geschweige denn als etwas Positives erleben kann.

Manchmal wendet sich die Frau dann anderen Frauen zu, weil sie vor Frauen nicht diese Form der Angst hat wie vor Männern. Sie ist in einer lesbischen Beziehung möglicherweise eher in der Lage, Sexualität angstfrei zu erleben, sie als etwas Positives zu entdecken und spüren zu lernen, daß Sexualität gewaltfrei sein kann.

Aus dem gewaltsamen Erleben beim sexuellen Mißbrauch kann die Frau auch dazu übergehen, mit sich selbst in der Genitalregion genauso gewaltsam umzugehen wie der Täter dies getan hat. Sie mag mit Gegenständen masturbieren, mit denen sie sich verletzt oder sich auf andere Weise an den Genitalien verletzen.

Masochismus kann ebenfalls als eine Form selbstverletzenden Verhaltens gesehen werden. Die Frau läßt sich von Männern sadistisch behandeln wie sie dies auch vom Täter erlebt hat. Mit dem sexuellen Mißbrauch hat eine Verbindung von Sexualität und Gewalt, von Sexualität mit aggressivem Verhalten stattgefunden. Beim Ausüben masochistischer Sexualpraktiken führt sie diese Verbindung selbst weiter und erlebt Sexualität weiterhin gekoppelt mit Aggressionen.

Eine fatale Folgeerscheinung des sexuellen Mißbrauchs in der Kindheit kann auch sein, daß die Frau Zuwendung automatisch mit Sexualität verbindet. Diese Form der Verbindung entsteht, wenn die Frau als Kind Zuwendung nur in Verbindung mit sexuellen Handlungen erlebt hat. Wird ein Mädchen von den Eltern emotional vernachlässigt, so sehnt sie sich nach Zuwendung und Nähe. Wenn der Täter die einzige Person im Leben des Mädchens ist, der ihr überhaupt Zuwendung gibt, so akzeptiert das Mädchen die gewaltsame Komponente des Mißbrauchs, um überhaupt die für sie lebensnotwendige Zuwendung zu bekommen. Es kann auch sein, daß das Mädchen sich mit ihrem Bedürfnis nach Zuwendung aktiv an den Täter wendet und dabei weiß, daß sie die sexuelle Gewalt in Kauf nehmen muß.

Die dadurch entstehenden Gefühle, Mißbrauch selbst aktiv eingeleitet zu haben, sind für die Frau nahezu unerträglich. Es ist ein schwieriger Prozeß, ihr die Ursachen ihres Verhaltens durchschaubar zu machen und sie darin zu unterstützen, ihre Schuldgefühle abzubauen.

Dieselbe massive Form von Schuldgefühlen entsteht auch, wenn der Täter beim Mädchen mit dem Mißbrauch Lustgefühle verursacht hat. Dies ist durchaus möglich entsprechend dem jeweiligen sexuellen Entwicklungsstand des Mädchens, wenn der Täter sie nicht körperlich brutal dabei behandelt. Das Mädchen mag die unbekannten Gefühle akzeptieren und genießen. Die Frau muß die damit verbundenen Schuldgefühle dadurch abbauen, daß sie verstehen lernt, daß der Täter diese Lustgefühle durch einen sexuellen Umgang mit ihr ausgelöst hat, der ihrer derzeitigen sexuellen Entwicklung überhaupt noch nicht entsprach und er das Mädchen damit vorzeitig sexualisierte.

Symptomatik

Die Symptome einer durch sexuellen Mißbrauch geschädigten Sexualität können sich auf vielerlei Weise darstellen.

Die infolge des gewaltsamen Verhaltens entstandenen körperlichen Anspannungen verhindern eine Entspannung in der Genitalregion und können zu Frigidität bei der Frau führen. Auf dieselbe Weise kann ein Vaginismus entstehen.

Die körperlichen Anspannungen verhindern eine optimale Durchblutung der Genitalregion, was die Sauerstoffzufuhr zum Gewebe verringert. Dadurch kommt es schneller zu Infektionen.

Die erlebte Gewalt in Verbindung mit Sexualität kann zu masochistischem Verhalten führen. Aus der Ablehnung der eigenen Genitalregion, die so gewaltsam behandelt wurde, kann sich aggressives Verhalten gegen die Genitalien entwickeln, verbunden mit einem starken Selbsthaß.

Frauen, die Erfahrungen mit sexueller Gewalt gemacht haben, lehnen Männer manchmal generell ab und gehen ihnen aus dem Wege. Manche Frau läßt sich ihr Leben lang nie wieder von einem Mann berühren.

Das Gefühl, in der Genitalregion vom Täter beschmutzt worden zu sein, kann einen Waschzwang hervorrufen, durch den die Frau versucht, die gefühlsmäßige Beschmutzung mit Wasser abzuwaschen.

Eine vorzeitige Sexualisierung bei einem Mädchen weist auf einen erlebten sexuellen Mißbrauch hin (Steinhage, 1992). Die möglicherweise entstandene Kombination von Zuwendung mit Sexualität kann sich später als promiskuitives Verhalten bei der Frau zeigen. Um etwas Zuwendung zu bekommen, glaubt sie, mit einem Mann sexuell verkehren zu müssen. Sie kann sich nicht vorstellen, Zuwendung ohne eine Bedingung bekommen zu können und bietet sich unter Umständen aus diesem Denken heraus selbst sexuell an.

Der Versuch, durch sexuelle Stimulation der Genitalien den Parasympathicus des Nervensystems zu aktivieren und damit eine Entspannungsreaktion herzustellen, kann zu exzessiver Masturbation führen.

Insgesamt kann gesagt werden, daß kaum eine Frau nach Erfahrungen mit sexueller Gewalt problemlos ihre Sexualität spüren und erleben kann. Jede Frau hat mit Folgeerscheinungen zu kämpfen, mindestens mit starken Anspannungen in der Genitalregion, Ekelgefühlen und Problemen, Sexualität überhaupt oder wieder mit liebevollen Gefühlen zu einem Partner in Verbindung zu bringen.

Therapieziele

Wichtig für die Frau ist es, ihre eigenen sexuellen Grenzen wieder zu spüren und aufzubauen. Durch ein Verarbeiten der auslösenden Gewaltsituationen und die damit verbundenen Gefühle sollen die körperlichen

Anspannungen in den betroffenen Körperregionen allmählich abgebaut werden. Dann können langsam auch die psychosomatischen und somatischen Reaktionen beseitigt werden. Der Körper kann organisch heilen.

Die Frau muß spüren lernen, daß nicht ihr Körper ekelhaft ist, sondern das, was der Täter getan hat. Sie muß allmählich lernen, die Handlungen des Täters isoliert von ihrem Körper zu sehen.

Sie hat ein Recht auf Selbstbestimmung über ihren eigenen Körper und muß lernen, dieses Recht wahrzunehmen. Sie kann selbst über sich und ihren Körper entscheiden und auch darüber, ob und wann und mit wem sie sexuellen Kontakt haben möchte. Eine Frau mag für sich entscheiden, nie wieder einen Penis ertragen zu wollen, weil sie der Überzeugung ist, daß sie ihre Abscheu nie wird überwinden können. Sie mag sich entscheiden, ihre Sexualität nur noch mit einer Frau zu leben, weil die weiblichen Genitalien ihr zumindest keine Angst machen und sie nicht an den Täter erinnern. Sie mag eine Frau weicher und empfindsamer erleben als einen Mann und darin eher die Chance sehen, Sexualität mit Liebe und Zuneigung verbinden zu können statt mit Gewalt.

Doch auch bei der Auswahl einer Freundin muß die Frau sorgsam sein, denn es gibt auch Frauen, die sich gewaltsam verhalten und Machtstrukturen aufbauen. Auch eine Partnerin sollte sie sich bewußt, sorgsam und gezielt aussuchen.

Wichtig dabei ist, daß die Frau ihre eigene Sexualität nicht mehr abschalten muß, sondern wieder etwas fühlen kann. Sie sollte ihren Körper nicht mehr als schmutzig und befleckt ablehnen, sondern ihn akzeptieren und mögen lernen. Sie sollte ihre Sexualität positiv für sich selbst erleben, ob nur für sich allein, ob mit einer Frau oder mit einem Mann.

Die Therapeutin darf in dieses Recht der Selbstbestimmung der Frau über ihren Körper nicht eingreifen durch eigene moralische Vorstellungen. Sie muß die Entscheidung der Frau frei akzeptieren, ohne diese zu bewerten.

Wenn die Frau wieder sexuelle Kontakte zu einem Mann aufnimmt, ist es wichtig, daß dieser Mann nicht ebenfalls ein Tätertyp ist, der sie wiederum gewaltsam behandelt und damit die traumatischen Erfahrungen wiederholt. Sie braucht einen einfühlsamen und zartfühlenden Mann, der vorsichtig mit ihr umgeht und ihre Ängste aufgrund ihrer Erfahrungen versteht. Er muß jede Grenze akzeptieren, die die Frau setzt, egal zu welchem Zeitpunkt die Frau dies für notwendig hält. Ein Mann, der mit einer Frau, die sexuelle Gewalterfahrungen hatte, eine Beziehung unterhält, muß in der Lage sein, zumindest eine ganze Zeitlang seine eigenen Bedürfnisse im sexuellen Bereich in den Hintergrund zu stellen, wenn es für die Frau und ihren Heilungsprozeß notwendig ist. Sie muß die Möglichkeit haben, ihm gegenüber ihre Grenzen sorgsam spüren und setzen zu können.

Eine Frau, die als Mädchen sexuell mißbraucht wurde, muß unter Umständen ihre gesamte sexuelle Entwicklung nachholen von dem Zeitpunkt an, wo die Entwicklung durch die Gewalthandlungen des Täters unterbrochen wurde. Sie muß als sexuelles Wesen erst noch zur Erwachsenen heranreifen.

Fand der sexuelle Mißbrauch im Alter von vier Jahren statt, hatte die Frau als Mädchen gerade entdeckt, daß Berührungen an der Scheide angenehme Gefühle auslösen. An dieser Stelle muß die erwachsene Frau mit ihrer Weiterentwicklung ansetzen, sich selbst wieder fühlen lernen und diese angenehmen Gefühle bei eigenen Berührungen wiederentdecken.

Auch eine Frau als Partnerin einer Frau mit sexuellen Gewalterfahrungen muß dieselben vorsichtigen und akzeptierenden Verhaltensweisen der Freundin gegenüber zeigen wie dies für einen männlichen Partner beschrieben wurde.

Eine möglicherweise entstandene Verbindung zwischen Sexualität und Gewalt muß allmählich abgebaut werden. Die Frau muß wieder entdecken oder erst neu lernen, daß Sexualität eine Form von angenehmen Gefühlen für sie selbst und auch eine positive Form von Kontakt zu einem anderen Menschen bedeuten kann. Sexualität beinhaltet eine intime körperliche Nähe, die sie nur zu einem Menschen aufbauen sollte, mit dem sie warme und angenehme Gefühle verbindet. Sexualität sollte im Zusammenhang mit Liebe und Wärme erlebt werden und nicht mit Gewalt.

Für den Fall, daß eine Frau exzessiv masturbiert, um Spannungen abzubauen, besteht das Ziel darin, die Ursachen der Spannungen herauszufinden und sinnvolle Lösungen für deren Abbau zu erarbeiten, so daß keine ständigen Anspannungen mehr entstehen können. Dazu gehört auch die Verarbeitung der auslösenden Situationen. Damit muß die Frau dann das Masturbieren nicht mehr zum Abbau der Spannungen verwenden.

Wenn Angst vor Gewalt die Ursache für die Ablehnung der Sexualität ist, liegt ein Therapieziel darin, sich diese Angst anzusehen und – falls die Frau dies möchte – die Angst zu überprüfen und in der jetzigen Realität zu sehen, ob sie immer noch Angst vor Sexualität haben muß. Die erlebte sexuelle Gewalt hat diese Angst verursacht, aber es kann sein, daß Angst in der jetzigen Realität nicht mehr notwendig ist. Hat die Frau einen Partner, so kann sie sich ansehen, ob dieser Sexualität mit Nähe und Wärme zu ihr verbindet oder ob bei diesem wie beim Täter Sexualität und Gewalt gleichzeitig stattfinden. Wenn das letztere der Fall ist, so hat die Frau auch heute noch berechtigte Angst vor der Sexualität des Partners und sollte diese unbedingt meiden und ablehnen, weil dieser sie als ein neuer Täter mißbraucht.

Und heute, als erwachsene Frau, muß sie sich nicht mehr gewaltsam behandeln lassen. Als Kind war sie abhängig und klein und hatte keine

Chance, sich zu wehren. Doch nun als erwachsene Frau kann sie über sich selbst bestimmen und muß nie wieder Gewalt ertragen, sondern kann sich dagegen wehren lernen.

Ist der Partner jedoch warm und liebevoll, muß die Frau heute keine Angst mehr haben. Sie könnte versuchen, die alte Angst allmählich zu überwinden und Sexualität in Verbindung mit Wärme und Nähe zu erleben.

Auch Frauen, die im Erwachsenenalter sexuelle Gewalt erfahren und sich nicht verteidigen können, haben die Möglichkeit, dies zu lernen. In den meisten Situationen ist ein Wehren möglich, wenn die Frau über entsprechende Selbstverteidigungstechniken verfügt und gelernt hat, diese auch spontan anzuwenden statt aus der Panik und dem Schock heraus gelähmt zu bleiben. Weiterhin muß sie ihre Skrupel überwinden, einen anderen Menschen zu verletzen.

Auch für den Fall, daß die Frau infolge der gewaltsamen Handlungen des Täters dazu übergegangen ist, sich selbst in der Genitalregion zu verletzen, muß sie lernen, daß ihre eigene Sexualität nicht mit Gewalt verbunden sein soll und daß sie ihre Genitalien besser behandeln kann.

Dasselbe gilt für masochistisches Verhalten. Die Frau kann lernen, Sexualität und Aggression wieder voneinander zu trennen und sich nicht mehr quälen zu lassen. Sie kann Lust ohne Qual empfinden lernen.

Wenn Sexualität im Leben des Mädchens die einzige Form von Zuwendung war, die es je erhalten hat, muß sie als Frau lernen und erfahren, daß es Zuwendung, Liebe und Wärme auch ohne eine notwendige Verbindung mit Sexualität geben kann. Beides kann miteinander verbunden werden, wenn die Frau es will, aber sie kann auch Zuneigung von Menschen bekommen, ohne sich dafür sexuell anbieten zu müssen.

In Bezug auf Schuld- und Schamgefühle dafür, Lust beim Mißbrauch empfunden zu haben, liegt das Therapieziel darin, diese Gefühle als unnötig zu erkennen und abzubauen, weil die Verantwortung für den sexuellen Mißbrauch beim Täter liegt und nicht bei der Frau – ganz eindeutig und immer. Ohne die vorzeitige Sexualisierung durch ihn wäre sie als Mädchen allein aufgrund ihrer Entwicklung niemals auf die Idee gekommen, ihm genitale und erwachsene Sexualität anzubieten. Sie wäre dazu entwicklungsmäßig nicht in der Lage gewesen.

Die therapeutische Arbeit bei Störungen der Sexualität

Sexualität als Thema der therapeutischen Arbeit ist ein sehr sensibles Thema, weil die Frau bei Beginn einer Behandlung ihre Sexualität mit recht großer Wahrscheinlichkeit mit Ablehnung und Schuldgefühlen verbindet. In der Regel möchte sie nicht über ihre Sexualität sprechen. Dieses ist meistens erst zu einem späteren Zeitpunkt möglich, wenn sie eine Vertrauensbeziehung zur Therapeutin aufgebaut hat und andere Themen bereits erfolgreich bearbeitet und verarbeitet werden konnten. Das Thema Sexualität ist außerdem noch immer mit einem starken gesellschaftlichen Tabu behaftet.

Aus diesen Gründen ist es wichtig, sensibel mit diesem Thema umzugehen und das Thema Sexualität erst zu einem fortgeschrittenen Zeitpunkt der Therapie zu bearbeiten – es sei denn, die Frau wünscht es sich ausdrücklich selbst zu einem früheren Zeitpunkt. Irgendwann ergibt sich das Thema Sexualität bei allen Frauen von selbst, und die Frau äußert von sich aus das Bedürfnis, daran zu arbeiten und die in diesem Bereich noch spürbaren Anspannungen und Probleme zu beseitigen.

Die Therapeutin muß in der Lage sein, nicht nur sensibel, sondern auch sicher mit diesem Thema umzugehen. Sie muß die sexuellen Ausdrücke der Frau leicht übernehmen und aussprechen können, ohne dabei Abwehr oder Angst zu verspüren, denn die Frau würde es bemerken und das Thema schnell wieder abbrechen. Bei der Enttabuisierung des Themas Sexualität muß die Therapeutin der Frau mit gutem Beispiel vorangehen. Wenn die Therapeutin in diesem Bereich unsicher ist, kann sie das Aussprechen sexueller Begriffe allein vor einem Spiegel üben. Sie sollte auch in Form einer Supervision ihre eigenen Hemmungen aufarbeiten und beseitigen.

Ein Teil der konkreten therapeutischen Arbeit besteht wieder darin, die auslösenden und traumatischen Erlebnisse zu erinnern, durchzuarbeiten und schließlich zu verarbeiten. Durch ein Wiedererleben und eine entsprechende Reorganisation, bei der die Frau sich wehrt, spürt sie, daß der Täter der Schuldige ist und nicht sie. Bei der richtigen Zuordnung der Verantwortung können Schuld- und Schamgefühle allmählich nachlassen.

Für die Veränderung ihrer bisherigen Sichtweisen ist die Frau intensiv auf die Informationen der Therapeutin und auf deren Bestätigung angewiesen. Die Frau weiß häufig nichts über die Möglichkeiten, die sie bezüglich ihrer eigenen Sexualität hat, wenn sie diese nie gespürt hat. Oder die Frau weiß nicht, wie sie ihre Sexualität auf einen erwachsenen Stand hin entwickeln kann.

Die Therapeutin muß offen über Sexualität sprechen und der Frau konkrete Ideen und Tips an die Hand geben können, wie sie ihre Sexualität für sich weiterentwickeln kann.

Bei der Bearbeitung der sexuellen Beziehung zum Partner kann es wichtig werden, ihn in die Behandlung einzubeziehen, wenn die Frau damit einverstanden ist. Partner benötigen ebenfalls Informationen seitens der Therapeutin darüber, warum die Frau sich in Situationen so und nicht anders verhält. Partner müssen die Frau in ihrem Verhalten verstehen lernen und Bereitschaft signalisieren, die eigenen Bedürfnisse zeitweilig im Interesse des Heilungsprozesses der Frau zurückzustellen, die Grenzen der Frau zu respektieren und ihr Zeit für ihre Veränderungen zu lassen.

Muß die Frau ihre eigene Sexualität noch erst zu einer erwachsenen Sexualität hin entwickeln, muß der Partner vorübergehend ganz auf genitale Sexualität verzichten und sie bei den einzelnen Entwicklungsschritten unterstützen.

Die Therapeutin muß immer offen dafür sein, mit der Frau über ihre sexuelle Entwicklung und über ihre konkrete Sexualität zu sprechen.

Fallbeispiel für Sexualität

Da Sexualität für von sexueller Gewalt betroffene Frauen ein äußerst sensibles Thema ist, möchte ich an dieser Stelle kein ausführliches Fallbeispiel darstellen. Jede Therapeutin, die mit Frauen nach Gewalterfahrungen arbeitet, wird schnell in ihrer Praxis genügend Beispiele finden. Und jede betroffene Frau, die dieses Buch liest, wird sich in einem Teil des Kapitels bereits erkannt haben.

Es soll kurz dargestellt werden, wie Brigitte Sexualität in ihrem Leben sieht. Infolge eines schon früh begonnenen sexuellen Mißbrauchs hat keine normale sexuelle Entwicklung stattfinden können. Brigitte hat männliche Sexualität und männliche Genitalien nur als Waffen, bedrohlich und gewaltsam erlebt und verbindet sie mit Angst, Abscheu und Ekel.

Zur Zeit denkt sie, daß sie sich nie wieder von einem Mann anfassen lassen will. Sie will ihre sexuellen Grenzen rigoros schließen, niemanden mehr an sich heranlassen und auf diese Weise über sich selbst entscheiden.

Es bleibt abzuwarten, ob Brigitte im weiteren Verlauf der Therapie bei dieser Entscheidung bleiben oder sich irgendwann auf das Wagnis einlassen will, ihre eigene Sexualität kennenzulernen, wachsen zu lassen und vielleicht mit einem anderen Menschen, ob Mann oder Frau, zu erleben. Wie immer Brigitte langfristig über ihre eigenen Grenzen entscheiden wird, ist allein ihr überlassen.

Brigittes Erlebnisse sind so massiv gewesen, daß eine solche Entscheidung auch auf Dauer verständlich wäre. Aber nicht jede Frau wird sich nach sexuellen Gewalterfahrungen so entscheiden, sondern viele machen sich auch auf den Weg, ihre Angst und ihren Ekel zu überwinden, konstruktiv und lustvoll mit ihrer Sexualität umgehen zu lernen und positive und emotional warme Erfahrungen in partnerschaftlicher Sexualität zu suchen.

Auch für Brigitte steht dieser Weg immer noch offen, zu jedem beliebigen Zeitpunkt ihres Lebens.

Fallbeispiel für Prostitution

Christines Mißbrauchserlebnisse mit dem Vater führten zu einer extremen Unsicherheit im Umgang mit ihrer Sexualität. Sie verliebte sich in Männer und auch in Frauen. Als sie sich in eine Frau verliebte, glaubte sie, damit seien endlich ihre Probleme Männern gegenüber gelöst, bis sie feststellte, daß dieselben Probleme auch in der Partnerschaft mit ihrer Freundin entstanden.

Christine war sich nicht nur in Bezug auf ihre Sexualität unsicher, sondern in jedem Bereich ihres Lebens. Sie wußte nicht so recht, was sie arbeiten sollte, nahm aber immer eine Arbeit auf. Gab es Probleme, die sie nicht lösen konnte, beendete sie die Situationen, indem sie wegging, aus Beziehungen und auch von Arbeitsplätzen.

Eine Freundin von Christine ging in einem Klub „anschaffen". Zunächst dachte Christine, sie müsse ihre Freundin dort wegholen. Dann ging sie einmal mit ihr dorthin, um sich den Klub anzusehen in der Überlegung, dort vielleicht auch ihre Geldprobleme lösen zu können. Christine fand, daß die Frauen sehr freundlich zu ihr waren. Gemeinsam mit der Freundin bediente sie ihren ersten Freier und fand es nicht so schlimm. Dann arbeitete sie regelmäßig im Klub.

Als sie den Klub verließ, ging sie als Aupair-Mädchen nach Frankreich. Als ihr diese Arbeit nicht mehr gefiel, wich sie auf Peep Shows aus, in denen sie Geld verdiente. Prostitution war eine Möglichkeit geworden, den Lebensunterhalt zu sichern. Christine sagt, sie habe damals gedacht, Prostitution sei dasselbe wie Sozialarbeit, eine Sozialarbeiterin verdiene ihr Geld auf eine Weise, sie eben auf eine andere Weise.

Als Christine sich in einen Mann verliebte, spürte sie den Unterschied zwischen den sexuellen Kontakten zu den Freiern – die sie meistens durchaus freundlich fand – und der Wärme, die sie im sexuellen Kontakt zum Freund fühlte. Christine hatte den Kopf von ihrem Gefühl abgespalten, sagt sie, wenn sie Freier bediente.

Sie möchte nun Kopf und Gefühl wieder mehr zusammenbringen und ihr Leben insgesamt in allen Zusammenhängen besser begreifen, um deutliche Entscheidungen für sich treffen und Probleme lösen zu können, statt vor ihnen davonzulaufen.

Christine arbeitet seit einer Weile im Kindergarten, lebt allein und fühlt sich besser damit, wenn auch manchmal einsam. Doch bevor sie eine erneute Beziehung eingeht, möchte sie klarer sein mit ihren körperlichen, emotionalen und sexuellen Grenzen.

16. *Konfrontation mit dem Täter*

In der Arbeit mit körperorientierter Psychotherapie genügt es im allgemeinen, sich bei der Aufarbeitung traumatischer Erlebnisse symbolisch im Therapieraum mit der Person auseinanderzusetzen, die das Trauma der Frau verursacht hat. Hat sich die Mutter beispielsweise nicht genügend um die Frau gekümmert, so wird die Mutter in der Therapiesitzung symbolisch mit entsprechenden Wünschen der Frau nach Umsorgtwerden konfrontiert. Die Frau kann sich die Mutter an einem Platz im Therapieraum vorstellen, mit ihr sprechen und ihre Wünsche äußern. Oder die Therapeutin kann die Rolle der Mutter einnehmen und diese für die Frau spielen. Bei der positiven Reorganisation kann die Therapeutin dann die Frau so in den Arm nehmen wie die Mutter es getan hätte, wenn sie sie liebevoll umsorgt hätte.

Diese Form der Auseinandersetzung kann im Therapieraum auch mit dem Täter erfolgen. Die Therapeutin kann seine Rolle einnehmen, und die Frau kann ihm ihre Verachtung und ihre Wut entgegenschleudern sowie sich tatkräftig gegen ihn wehren.

Diese Auseinandersetzung mit dem Täter im Schutz des Therapieraums ist ein wichtiger Bestandteil der Therapie. Die Frau gibt ihm damit die Verantwortung für seine Handlungen zurück sowie ihre Schuld- und Schamgefühle. Sie gibt ihm symbolisch den Haß zurück, den dieser an ihr ausagiert hat, und in der Folge davon muß sie sich selbst nicht mehr hassen. Sie macht ihn verantwortlich für alle Folgeerscheinungen und weist die Schuld dafür von sich selbst weg.

Damit kann die Frau gezielt den Weg beschreiten, ihre Symptome Stück für Stück abzubauen, sich von der erlebten Gewalt befreien und einen Weg ins Leben für sich selbst finden, der nicht mehr überschattet ist von Gewalt.

Meiner Erfahrung nach reicht es bei allen therapeutischen Themen aus, eine symbolische Auseinandersetzung mit der Person im Therapieraum zu führen, die die Verletzungen verursacht hat – bis auf die sexuellen Gewalterfahrungen. Hierbei ist es meiner Erfahrung nach für die Frau ein wichtiger Prozeß, nach der symbolischen Verarbeitung dem Täter zu irgendeinem

Zeitpunkt die Verantwortung selbst und direkt zurückzugeben, sofern der Täter noch lebt und für die Frau erreichbar ist.

Die Konfrontation mit dem Täter kann selbstverständlich erst dann erfolgen, wenn die Frau sich stark und sicher genug dazu fühlt. Sie muß im Inneren überzeugt davon sein, daß der Täter die Verantwortung wirklich trägt, daß er der Schuldige ist und nicht sie. Hat sie daran noch einen Zweifel, ist sie der Konfrontation mit dem Täter noch nicht gewachsen. Sie würde sich in dieser Situation dem Täter erneut hilflos ausliefern und ihm Gelegenheit geben, wieder gewaltsam mit ihr umzugehen, und sei es auch nur mit Worten. Die Frau muß fest davon überzeugt sein, dem Täter gewachsen zu sein und ihm bei der Konfrontation keinen Millimeter Spielraum zu lassen. Erst wenn sie so sicher und stark ist, ist der Zeitpunkt für die Konfrontation gekommen.

Diese Konfrontation kann auf vielerlei Weise stattfinden, durch einen Brief, ein Gespräch oder andere durchaus phantasievolle Methoden. Ein Brief ist die Methode, die der Frau die größtmögliche Distanz zum Täter erlaubt und am ungefährlichsten ist. Sie kann sich in einem Brief alles von der Seele schreiben, was sie dem Täter zu sagen hat. Sie kann ihm mit Worten alles zurückgeben, was er an Gewalt in sie hineingepflanzt hat. Sie greift die Gewalt auf und gibt sie ihm mit Worten zurück.

Wenn die Frau ein Gespräch als Form für die Konfrontation auswählt, so muß sie ihm persönlich begegnen, was bei ihr alle Ängste erneut mobilisieren kann und dem Täter auch möglicherweise die Gelegenheit gibt, wiederum gewaltsam gegen sie vorzugehen. An dieser Stelle muß die Frau sich schützen. Sie sollte das Gespräch möglichst in Gegenwart einer Person führen, bei der sie sich sicher fühlt. Oder eine vertraute Person sollte im Nebenraum sein, wenn sie das Gespräch mit dem Täter führen will.

In diesem Gespräch muß sie darauf vorbereitet sein, daß der Täter mit großer Wahrscheinlichkeit versuchen wird, die Verantwortung abzulehnen und ihr die Schuld für alles zu geben. Oder er streitet kurzerhand alles ab, denn kaum ein Täter ist einsichtig und gibt sein Fehlverhalten zu, auch im Nachhinein nicht (Godenzi, Bauernfeind & Schäfer, Wyre & Swift). Die Frau muß von vornherein damit rechnen, daß er die Tat abstreiten oder versuchen wird, sie nach dem „Lolita-Prinzip" (Rush) für die erlebte sexuelle Gewalt verantwortlich zu machen.

Der Täter wird die Frau wahrscheinlich nicht rehabilitieren, ihr nicht von sich aus die Last der Verantwortung von den Schultern nehmen und ihr sagen, er sei schuld gewesen und es täte ihm leid. Wäre dies so, wäre es sehr erleichternd für die Frau. Doch sie wird dem Täter mit großer Wahrscheinlichkeit die Verantwortung mit Worten vor die Füße legen oder schleudern müssen und dann gehen.

Auch wenn der Täter die Verantwortung nicht akzeptiert, wird die Frau nach der Konfrontation mit ihm ein Gefühl von Erleichterung verspüren, das durch ihr aktives Handeln ihm gegenüber entsteht. Sie ist nicht mehr hilflos oder wehrlos geblieben. Und sie wird feststellen, daß sie die Verantwortung dem Täter wirklich zugewiesen hat, denn sie hat sie ihm vor die Füße geworfen. Der Täter muß nun selbst sehen, was er damit tut.

Sie wird sich nach der Konfrontation noch ein Stück sicherer fühlen, daß der Täter schuld war und nicht sie, denn sie hat ihn nun noch einmal erlebt und ganz direkt und aktuell erlebt, daß er lügt und alles von sich weist. Die Frau kann sich an alles erinnern, und wenn der Täter seine Gewalthandlungen abstreitet, bedeutet dies, daß sie sich mehr auf ihre eigenen Erinnerungen und Gefühle verlassen kann als auf die Aussagen des Täters. Diese Sicherheit, sich auf ihre Erinnerungen und Gefühle verlassen zu können, überträgt sich auch auf andere Bereiche.

Nach einem solchen Brief oder Gespräch ist der Täter natürlich beunruhigt und muß sich zwangsläufig damit beschäftigen. Er weiß nicht, wie die Frau weiterhin mit ihrem Wissen über den sexuellen Mißbrauch umgehen wird, da sie nun ja fähig ist, darüber zu sprechen. Wem wird sie es noch sagen? Ist die Tat nach dem Gesetz schon verjährt? Welche Geschichte soll er anderen Personen erzählen, um die Frau wieder unglaubwürdig zu machen? Und mit all diesen Fragen und Unsicherheiten wird sich der Täter mit seiner Verantwortung auseinandersetzen – ob er will oder nicht.

Typisch für die Reaktionen eines Täters auf die Konfrontation sind entweder Schweigen oder Drohungen. Seine Reaktionen sind auch heute nicht wesentlich anders als zum Zeitpunkt der Mißbrauchssituationen. In seiner gewaltsamen Art versteht der Täter nur die Sprache der Gewalt. Entweder handelt er selbst gewaltsam, oder er hat Angst vor dem Angriff anderer. Dieser Mechanismus arbeitet auch nach der Konfrontation.

Schweigt der Täter, hat er Angst. Droht er, so versucht er das Problem auf seine altvertraute Weise zu lösen und die Verantwortung auf gewaltsame Art wieder bei der Frau abzuladen. Mancher Täter reagiert beispielsweise mit der Drohung, eine Verleumdungsklage gegen die Frau zu erheben. Diese Drohung ist jedoch in der Regel leer, denn bei einer Verleumdungsklage würde die Frau zum Inhalt der angeblichen Verleumdung auch befragt werden, und das Thema des sexuellen Mißbrauchs würde öffentlich. Und so sicher und stark wie die Frau in der Zwischenzeit geworden ist, hat der Täter vor einer öffentlichen Diskussion über sexuellen Mißbrauch mehr Angst als sie. Er wird sich in der Regel hüten, von sich aus den sexuellen Mißbrauch ans Gericht und damit in die Öffentlichkeit zu bringen – selbst wenn die Tat rechtlich verjährt ist.

Die Frau kann bei einer solchen Drohung ganz ruhig bleiben. Selbst für den Fall, daß der Täter eine Verleumdungsklage wagen sollte, steht Aussage gegen Aussage, niemand kann etwas beweisen, weil der Täter selbst dafür gesorgt hat, daß beim sexuellen Mißbrauch niemand zugegen war. Ein Verfahren würde im Sande verlaufen.

Die Frau könnte sich in einem solchen Fall ruhig hinstellen und eine Glaubwürdigkeitsuntersuchung am Täter und an sich selbst vorschlagen – eine Frau mit solchen Gewalterfahrungen lügt nicht und kann jeder psychologischen Überprüfung standhalten. Wichtig bei einem solchen Gutachten wäre nur, daß die Frau darauf besteht, daß es von einer Psychologin verfaßt wird, die sich mit dem Thema des sexuellen Mißbrauchs auskennt.

Doch das alles sind hypothetische Überlegungen, die der Frau für alle Fälle ein Gefühl von Sicherheit geben sollen. Eintreten wird dieser Fall nicht – ich selbst habe jedenfalls noch nie davon gehört, es blieb immer bei der leeren Drohung.

Der Täter ist auch allein dadurch verunsichert, daß die Frau den Kontakt mit ihm sucht und dabei offensichtlich keine Angst hat. Er hat sie als hilfloses Opfer für seine Interessen benutzt, und nun steht oder sitzt ihm plötzlich eine starke Frau gegenüber. Dies verändert die ehemaligen Machtverhältnisse, und der Täter hat tendenziell mehr Angst, da er nur Gewalt oder Angst kennt. Seine Gewalt richtet sich nur gegen Schwächere, und die Frau ihm gegenüber ist nicht mehr schwach. Deshalb besteht kein großes Risiko, daß der Täter nochmals gewaltsam gegen die Frau handeln könnte. Und um das „Restrisiko" ganz auszuschließen, sollte die Frau, wie oben dargestellt, eine weitere Person in ihrer Nähe oder direkt im Gespräch bei sich haben.

Für den Fall, daß der sexuelle Mißbrauch noch nicht verjährt ist, ist auch eine Strafanzeige und ein damit verbundenes Gerichtsverfahren ein Mittel, den Täter mit seiner Tat zu konfrontieren. Er muß sich dann öffentlich rechtfertigen. Selbst wenn er nicht verurteilt wird, so bleibt doch durch ein Gerichtsverfahren und auch schon durch eine Strafanzeige mit polizeilicher Vernehmung ein Verdacht an ihm kleben, den er nicht mehr abschütteln kann.

Die Frage, ob Strafanzeige oder nicht, wird immer noch heftig diskutiert, und das sicherlich mit Recht. Eine Verurteilung des Täters würde die öffentliche Rehabilitation der Frau bedeuten, denn er würde für seine Tat zur Rechenschaft gezogen. Gleichzeitig hat eine Strafanzeige den Effekt, daß die Gerichte sich mehr mit dem Thema des sexuellen Mißbrauchs auseinandersetzen müßten, was leider fast überall noch nicht der Fall ist. Viele Richter und Richterinnen meiden die Thematik aus Angst und bilden sich in den neuesten Erkenntnissen aus der Fachliteratur zum sexuellen

Mißbrauch nicht weiter. Dieses wäre jedoch dringend notwendig, da an vielen Gerichten noch völlig unberechtigte Zweifel an den Worten der Frau an der Tagesordnung sind. In der Fachliteratur ist es bereits seit Jahren unumstritten, daß Kinder und Frauen sich sexuelle Gewalterlebnisse nicht ausdenken, sondern daß entsprechende Berichte den Tatsachen entsprechen. Eine Auseinandersetzung damit findet an Gerichten kaum statt.

Genau dieser Aspekt führt dazu, daß vielen Frauen von einem Gerichtsverfahren gegen den Täter abgeraten wird, damit sie nicht erneut gewaltsam behandelt und ihre Worte nicht wieder angezweifelt werden. Sicherlich muß die Frau für ein Gerichtsverfahren genauso stark und sicher sein wie für eine persönliche Konfrontation mit dem Täter. Doch wenn sie stark genug ist, den Zweifeln gegenüberzutreten, ist ein Gerichtsverfahren schon deshalb sinnvoll, um Gerichte zur Auseinandersetzung mit dem sexuellen Mißbrauch zu zwingen und den tatsächlichen Umfang sexueller Gewalthandlungen auch dort deutlich werden zu lassen. Richter und Richterinnen müßten sich dann allein in Anbetracht der Menge der Fälle damit befassen und sich fortbilden. Dieses würde die Situation der Frau vor Gericht in Zukunft verändern, und bei einer zu erwartenden vermehrten Strafverfolgung würde sich mancher Täter beim gewaltsamen Umgang mit Kindern nicht mehr in Sicherheit wiegen.

Doch die Entscheidung für oder gegen ein Gerichtsverfahren muß die Frau letztendlich für sich selbst treffen. Die Therapeutin kann mit ihr über Vor- und Nachteile sprechen und die Frau informieren, was im positivsten und was im negativsten Fall auf sie zukommt, so daß die Frau eine reale Grundlage für eine eigene Entscheidung bekommt.

Persönliche Konfrontationen mit dem Täter sollen im folgenden anhand einiger Beispiele dargestellt werden.

Rita lädt den Täter, ihren Patenonkel, zum Konfrontationsgespräch zu sich nach Hause ein. Ihr Freund hält sich im Nebenzimmer auf, ohne daß der Onkel dies weiß. Rita berichtet dem Onkel von ihren Erinnerungen an den sexuellen Mißbrauch durch ihn. Der Onkel streitet dies ab, zunächst erschrocken, dann immer heftiger. Schließlich droht er Rita mit einer Verleumdungsklage und geht schimpfend vor Empörung.

Rita bespricht den sexuellen Mißbrauch durch den Onkel mit einigen Familienmitgliedern, von denen sich gleich einige auf ihre Seite stellen. Der Onkel versucht, den Verdacht aus dem Weg zu räumen, indem er Rita für verrückt erklärt. Dies gelingt ihm jedoch nicht. Ein Rest bleibt an ihm haften. Von einer Verleumdungsklage hat Rita nie etwas gehört.

Sibylle hat in ihrer Kindheit und Jugend mehrere Jahre bei Pflegeeltern gelebt und wurde vom Pflegevater, seinen Söhnen und der Pflegemutter ständig sexuell mißbraucht.

Sibylle überlegt sich in einer Therapiestunde, wie sie Pflegevater und Pflegemutter konfrontieren möchte. Einen Brief hatte sie bereits geschrieben, auf den keine Reaktion erfolgte. Sie kommt auf eine äußerst phantasievolle Idee, da sie kein Gespräch mit den Tätern möchte und auch keinen zweiten Brief schreiben will. Nachdem sie die Form ihrer Konfrontation in der Therapiestunde in ihrer Phantasie durchgespielt hat, führt sie diese einige Wochen später gemeinsam mit einer Freundin aus.

Sibylle möchte das Haus der Pflegeeltern, in dem sie mißbraucht wurde, nicht mehr betreten. Sie möchte mit der Freundin in das Dorf fahren, in dem die Pflegeeltern wohnen und ihnen von der Straße aus Worte zurufen, mit denen sie ihnen die Verantwortung zurückgeben will. Gleichzeitig will sie damit erreichen, daß die Mitbewohner des Dorfes neugierig werden und erfahren, welche Gewalttaten die Pflegeeltern an Sibylle verübten und daß diese einen scheinheiligen Eindruck nach außen hin vermittelten, als „sie ein armes Kind aus dem Heim aufnahmen“. Sie hatten Sibylle aufgenommen, um ein hilfloses Opfer für ihre sexuelle Gewalt zu haben und ihr immer damit gedroht, niemand würde ihr glauben und sie käme ins Heim zurück. Sibylle hatte schließlich die Situation damit beendet, daß sie das Heim als Alternative vorzog und dorthin zurückging. Das sollen die Dorfbewohner nun auch erfahren.

Als Sibylle und die Freundin die Straße entlangfahren, in der die Täter wohnen, kommen diese – völlig entgegen der Planung – gerade aus dem Haus. Sibylle und ihre Freundin folgen den beiden durch das ganze Dorf, woraufhin schließlich alle Dorfbewohner neugierig an der Straße stehen.

Die Freundin dreht die Scheibe des Autos herunter und drückt dem ehemaligen Pflegevater einen Zettel in die Hand. Auf diesen Zettel hat Sibylle Worte geschrieben, mit denen sie den Tätern die Verantwortung zurückgibt. Dann fahren Sibylle und ihre Freundin noch einmal langsam durch das Dorf und halten ein Spruchband gegen die Autofenster, auf dem steht: „Ich, Sibylle, wurde in meiner Kindheit von Familie Meier sexuell mißbraucht.“

Dann stellen die beiden Frauen einen kleinen vorbereiteten Weihnachtsbaum vor die Haustür der Täter, denn es ist gerade Weihnachtszeit. An den Zweigen des Baumes hängen viele kleine Zettel, und auf jeden Zettel hat Sibylle ein Teil geschrieben, das sie den Tätern zurückgeben möchte.

Sie ist zufrieden mit dem Ablauf dieser Konfrontation und erleichtert. Wahrscheinlich wird das kleine Dorf noch jahrelang über diesen merkwürdigen Sonntag sprechen. Selbst wenn das Verhalten der Frauen von den Tätern für verrückt erklärt werden sollte und die Dorfbewohner Angst vor der Thematik des sexuellen Mißbrauchs haben, so wird doch immer ein Schatten von Verdacht und Vermutung an den Tätern klebenbleiben, daß es doch wahr sein könnte, was auf dem Spruchband zu lesen war.

Ingrid wurde in ihrer Kindheit von ihrem Bruder sexuell mißbraucht und litt in der Folge an häufigen und starken Migräneanfällen. Sie konfrontiert den Bruder in einem Gespräch im Beisein ihres Mannes. Der Bruder wehrt den Vorwurf nicht ab, gibt den Mißbrauch aber auch nicht zu. Er scheint erstaunt über das neue und sichere Verhalten der Schwester zu sein, die er vorher offensichtlich immer als hilflos erlebt hatte. Der Bruder stellt Ingrid Fangfragen nach dem Aussehen der damaligen Wohnung der Eltern, um ihre Erinnerungsfähigkeit zu überprüfen.

Er ist politisch tätig und arbeitet in seiner Stadt auch mit dem Gericht zusammen. Ingrid hatte Angst vor der Konfrontation und glaubte, er könne sie vor Gericht bringen und soviel Macht haben, daß sie wieder gegen ihn verlieren würde.

Mehrere Monate lang geschieht nichts. Dann ruft der Bruder plötzlich an und diktiert Ingrid die Bedingungen, unter denen sie im Sommer während seines Urlaubs die alte Mutter zu pflegen habe. Ingrid fühlt sich völlig überfahren und reagiert wieder mit Migräne.

Bei genauer Analyse in der folgenden Therapiestunde zeigt sich, daß die Betreuung der Mutter zwar im Sommer verabredet war, doch über einen Zeitpunkt und die Form der Betreuung weder mit der Mutter noch mit Ingrid gesprochen worden war. Mit alten Macht- und Gewaltstrukturen versucht der Bruder also, ihr seine Bedingungen aufzuzwingen. Er hat offensichtlich monatelang über dem Konfrontationsgespräch gebrütet und in der Forderung wegen der Betreuung der Mutter nun eine Möglichkeit gesehen, mit altvertrauter Gewalt zurückzuschlagen.

Nach dem ersten Schrecken über den Anruf des Bruders läßt Ingrid sich nicht mehr beeindrucken. Sie durchschaut seine Handlungen, spie-

gelt sie ihm in einigen Briefen und setzt ihm zum Schluß deutliche Grenzen: Kontakte nur noch im Zusammenhang mit der Betreuung der Mutter, nur noch sachlich und in schriftlicher Form. Sie spricht ihn brieflich nochmals auf den Mißbrauch an und weist ihn darauf hin, daß sie sich nicht mehr gewaltsam von ihm behandeln läßt. Sie greift einer möglichen Drohung einer Verleumdungsklage vor, indem sie ihm schreibt, daß sie keine Probleme damit hätte, sollte er sich öffentlich mit ihr streiten wollen, denn er hätte in einem solchen Fall einen Ruf zu verlieren, nicht sie. Der Bruder hat sich seitdem nie wieder gemeldet.

17. Reaktionen des Umfeldes

In diesem Kapitel soll auf die Reaktionen des gesellschaftlichen Umfeldes auf die Aufdeckung sexuellen Mißbrauchs eingegangen werden. Dieses Kapitel wird hoffentlich irgendwann in der Zukunft überflüssig werden, weil dann jeder Frau und jedem Mädchen mit sexuellen Gewalterfahrungen geglaubt und ihr sofort angemessen von allen Seiten geholfen wird.

Dies ist zur Zeit noch lange nicht der Fall. Das gesellschaftliche Umfeld reagiert noch fast durchgängig mit Abwehr und Unbehagen auf des Thema des sexuellen Mißbrauchs.

In der Öffentlichkeit wird seit einigen Jahren zwar zunehmend über sexuelle Gewalt gesprochen, es kommt aber auch bei Fachleuten in sozialen Berufen immer wieder die Reaktion engagierten Kolleginnen und Kollegen in diesem Bereich gegenüber, „sie hörten wohl das Gras wachsen", „es handele sich nur um ein Modethema" und „so schlimm könne das alles doch wohl nicht sein".

Es ist sicherlich kein „Modethema", denn dieser Begriff beinhaltet, daß das Thema sexueller Gewalt ein vorübergehendes sei, wie die Mode vorübergehend und wechselhaft ist. Sexuelle Gewalt gab es in allen Zeiten und Gesellschaften (Rush und Rijnaarts), jedoch meistens tabuisiert und ohne Hilfestellungen für die betroffenen Frauen und Mädchen.

Es ist also nur zu begrüßen, daß das Thema der sexuellen Gewalt mehr ans Licht der Öffentlichkeit geholt wird, zum einen, damit betroffenen Frauen und Mädchen angemessen geholfen wird, zum anderen, damit sexuelle Gewalt nicht mehr beliebig ausgeübt werden kann, ohne daß die Täter Offenlegung und Entdeckung fürchten müssen.

Alle diffusen Ängste diesem Thema gegenüber sind zwar verständlich, können aber gerade von Fachleuten auf keinen Fall beibehalten werden, aus welchen Gründen auch immer, denn es ist ihre Aufgabe, betroffenen Frauen und Mädchen zu helfen. Und die Forderung ist sicherlich berechtigt, diese Aufgabe zu erfüllen.

Solche abwehrenden Fachleute – im übrigen nicht nur Männer, sondern auch Frauen – sitzen vielzählig in Institutionen wie Jugendämtern, Gerichten, Sozialämtern, Krankenhäusern, sozialpsychiatrischen Diensten, Arztpraxen... Die Auflistung kann beliebig weitergeführt werden.

In den Köpfen von Fachleuten wie auch in der gesamten Bevölkerung spukt noch immer viel zu sehr die Freud'sche Theorie der Phantasien von Frauen und Mädchen über erlebten sexuellen Mißbrauch. Hier ist es wichtig, den Ursprung dieser Freud'schen Theorie näher zu beleuchten.

Freud stellte ursprünglich im Rahmen seiner therapeutischen Arbeit mit Frauen ein erschreckend hohes Maß an Erinnerungen an sexuelle Gewalterlebnisse fest. In der Auseinandersetzung mit dieser Feststellung zeigte sich, daß sein kollegiales Umfeld mit heftiger Abwehr darauf reagierte. Zudem erinnerte sich Freud im Zusammenhang mit dieser Auseinandersetzung an sexuellen Mißbrauch innerhalb seiner eigenen Familie. (Wirtz und Rush)

Statt sich mutig mit seinen eigenen Erlebnissen und mit den abwehrenden Reaktionen seiner Kollegen auseinanderzusetzen, trat Freud den Rückzug an und verdeckte seine eigentlichen Erkenntnisse durch die Theorie des Ödipus-Komplexes und damit verbundenen angeblichen Phantasien kleiner Mädchen über sexuelle Kontakte zum Vater. Diese Theorie kam seinen Kollegen wesentlich gelegener und bildete die Grundlage für den heute noch immer und überall auffindbaren Zweifel an der Glaubwürdigkeit einer Frau, die über sexuelle Gewalterfahrungen berichtet.

Die kaschierende Theorie von Freud bildete letztendlich auch die Grundlage für Gerichte, es für notwendig zu erachten, eine Frau auf ihre Glaubwürdigkeit hin zu untersuchen, sobald sie von sexuellen Gewalterfahrungen berichtet. Meldet sie einen Diebstahl oder Raub, wird ihre Glaubwürdigkeit und ihre Zeugnisfähigkeit nicht in Zweifel gezogen.

An der Abwehr gegen das Thema der sexuellen Gewalt zeigt sich früher wie heute die blanke Angst von Menschen vor diesem Thema und der Auseinandersetzung damit. Lieber läuft man davor weg, erklärt es sich als nicht-existent statt sich mit der erschreckenden Realität auseinanderzusetzen. Die Angst ist nachvollziehbar, denn um sich mit dem Thema sexueller Gewalt auseinanderzusetzen, muß man bereit sein, das damit verbundene Grauen in sich selbst zu spüren, bereit sein, die schrecklichen Gefühle einer Frau oder eines Mädchens zu teilen und mitzufühlen.

Es handelt sich bei der Reaktion vieler um eine Abwehrreaktion zum Schutze eigener verletzbarer Gefühle – oder im schlimmeren Falle dem Verdecken des eigenen Täterverhaltens – und Abwehrmechanismen sind verständlich. Dennoch können sie nicht hingenommen werden. Die sachliche Auseinandersetzung mit der Realität und allen ihren Schrecken ist notwendig, um Gegebenheiten, die schlecht sind, zu verändern. Eine Vogel-Strauß-Politik hat noch nie etwas zum Positiven verändert.

Die Auseinandersetzung mit sexueller Gewalt ist insbesondere für Fachleute unbedingt notwendig, um betroffenen Frauen und Mädchen schnell und richtig helfen zu können. Hilfestellungen zur Auseinandersetzung mit sexueller Gewalt findet sich inzwischen in zahlreicher Form in der Literatur (Steinhage, Enders, Wirtz, Braecker & Wirtz-Weinrich, Postun & Lison, Janshen, Godenzi).

Wichtig sind sicherlich auch Gespräche über die eigenen Gefühle und Ängste mit Kolleginnen und Kollegen.

Die starke Abwehr öffentlicher Institutionen erschwert in massiver Weise die Situation der ohnehin gequälten Frau oder des Mädchens. Ein Beispiel dafür ist Silvia.

Vor etwa zehn Jahren wandte sie sich gemeinsam mit der Schwester hilfesuchend an den für sie zuständigen Mitarbeiter des Jugendamts. Die Mädchen hatten einen Brief mit verschiedenen Punkten aufgesetzt, die bei den Eltern nicht in Ordnung waren, beispielsweise daß sie sich nicht waschen durften und geschlagen wurden. Die Mädchen wagten natürlich nicht, den sexuellen Mißbrauch und den Sadismus des Vaters anzusprechen, da der Vater immer wieder damit drohte, sie umzubringen. Die Mädchen fühlten sich dem Vater ausgeliefert, da sowohl die Pflegeeltern als auch das Jugendamt immer wieder – auch gegen den ausdrücklichen Wunsch der Mädchen – dafür sorgten, daß Silvia und ihre Schwester die leiblichen Eltern besuchen mußten.

Die Mädchen gaben dem Sozialarbeiter diesen Brief mit der Bitte, nicht mehr zu den Eltern zu müssen und mit der Auflage, diesen Brief auf keinen Fall den Eltern zu zeigen.

Heute wissen Fachleute, die sich mit sexuellem Mißbrauch befassen, daß Silvias Verhalten und das ihrer Schwester deutliche Signale für sexuellen Mißbrauch sind. Mädchen wenden sich an Institutionen um Hilfe und klagen über schlechte Behandlung durch die Eltern, sprechen aber niemals den sexuellen Mißbrauch direkt an, sicherlich dann nicht, wenn der Täter ihnen gedroht hat. In jedem Falle sollten Aussagen von Kindern und Jugendlichen ernstgenommen werden, die die Eltern nicht mehr sehen und nicht bei ihnen leben wollen. Sie sollten auf keinen Fall umgehend wieder nach Hause und damit möglicherweise direkt in die Arme des Täters zurückgeschickt werden wie der Sozialarbeiter es mit Silvia und ihrer Schwester tat. Er informierte den Vater über den Inhalt des Briefes. Die Konsequenzen für die Mädchen waren massivste körperliche und sexuelle Gewalt.

Silvia unternahm einen weiteren Versuch, um Hilfe zu bitten, indem sie einer Sozialarbeiterin des Jugendheimes im alkoholisierten Zustand direkt vom sexuellen Mißbrauch durch den Vater berichtete. Diese reagierte hilflos und tat ebenfalls nichts. Diese Sozialarbeiterin ist aber mit zunehmendem Interesse am Thema des sexuellen Mißbrauchs wacher geworden und setzt sich inzwischen intensiv für Frauen und Mädchen mit sexuellen Gewalterfahrungen ein. Später sprach sie Silvia auf die damalige Situation an und entschuldigte sich dafür. Ihre Hilflosigkeit und auch ihre Tatenlosigkeit waren ihr im Nachhinein mit ihrem jetzigen Fachwissen deutlich geworden. Es tut ihr sehr leid, daß sie damals nicht reagiert hat. Sie weiß heute, daß sie Silvia durch eine sofortige Reaktion zahlreiche weitere Mißbrauchssituationen hätte ersparen können. Silvia nahm die Entschuldigung an und fühlt sich dadurch ein Stück weit rehabilitiert, nachdem ihr an so vielen Stellen nicht geglaubt worden war.

Wichtig ist meiner Ansicht nach, offen für eine Auseinandersetzung mit dem Thema der sexuellen Gewalt zu werden, nicht mehr davonzulaufen und aus Fehlern zu lernen.

Silvia wandte sich auf ihrer Suche nach Hilfe auch an eine Mitarbeiterin des sozialpsychiatrischen Dienstes, als die sadistischen Handlungen des Vaters immer schlimmer wurden, Silvia mehrmals angebunden worden war und der Vater mit ihr Szenen aus einem Horror-Porno-Film nachgespielt hatte. Sie schilderte der Mitarbeiterin, sie wolle weg von zu Hause, dort fänden Mißhandlungen statt. Silvia hatte zu diesem Zeitpunkt bereits massive Suchtprobleme, die mit den sadistischen Erlebnissen noch weiter zunahmen. Die Mitarbeiterin weigerte sich, Silvia von zu Hause wegzuholen und meinte, Silvia solle doch zunächst einmal ihre Suchtproblematik loswerden, danach könne man darüber reden. Ihr wirkliches Problem läge in der Sucht. Damit verwechselte die Mitarbeiterin des sozialpsychiatrischen Dienstes deutlich Ursache und Folgeerscheinung: Silvias Suchtprobleme waren aufgrund des sexuellen Mißbrauchs entstanden. Hätte die Mitarbeiterin ihr geholfen, auf ihren ausdrücklichen Wunsch von den Eltern wegzukommen, hätte Silvia schon zu dem Zeitpunkt eine Chance gehabt, erfolgversprechender mit ihrer Sucht umgehen zu lernen.

In einer solchen Situation, in der ein Mädchen oder eine Frau die Unterstützung von Institutionen braucht, kann es notwendig werden, daß die Therapeutin über ihre therapeutische Arbeit hinaus tätig wird und vorübergehend nahezu die Funktion einer Sozialarbeiterin übernimmt, die vermittelnd Kontakt mit Institutionen aufnimmt, den Fachleuten Informationen gibt und der Frau Glaubwürdigkeit verleiht, bis die Fachleute ihren Informationsstand so weit entwickelt haben, daß sie selbst der Frau glauben können.

Diese Unterstützung von Seiten der Therapeutin hat sich in meiner Erfahrung als durchaus hilfreich erwiesen und schon manche Fachleute dazu bewegt, sich doch mit dem Thema des sexuellen Mißbrauchs auseinanderzusetzen und Frauen und Müttern zu helfen, ihre Kinder in Sicherheit vor dem Täter zu bringen. Jede Erfahrung zahlt sich aus, die mitarbeitenden Fachleute werden im nächsten „Fall“ vielleicht schon etwas weniger Angst haben und einer Frau schneller und direkter helfen statt aus ihren Zweifeln an der Frau heraus unnötig lange zu zögern. Eine solche Situation soll anhand eines Beispiels beschrieben werden.

Sibylle rief mich eines Morgens völlig verstört an und berichtete, der Ehemann habe die achtjährige Tochter sexuell mißbraucht. Die Tochter sei zu ihr ans Bett gekommen und habe es ihr erzählt. Sibylle wandte sich an das zuständige Jugendamt und bat um Hilfe. Der dortige Mitarbeiter drehte und wendete sich, er bezweifelte die Aussagen der Tochter, er suchte nach Fehlern in Sibylles Verhalten, um sie als unglaubwürdig bezeichnen zu können. Ich rief ihn schließlich an und bat ihn in Sibylles Namen um Hilfe für die Tochter. Er meinte, er sei nicht so recht zuständig und könne auch gar nichts tun. Er nannte seine Zweifel an der Glaubwürdigkeit Sibylles und ihrer Tochter. In einem ausführlichen Gespräch legte ich ihm nahe, daß Kinder sich so etwas nicht ausdenken und daß Sibylle völlig richtig auf die Aussage der Tochter reagiert hat. Der Sozialarbeiter ging in diesem Gespräch sogar so weit, Sibylles moderne Kleidung und Frisur als Grund dafür zu nehmen, ihre Glaubwürdigkeit anzuzweifeln.

Es ging Sibylle in dieser Situation begreiflicherweise schlecht. Ihre Gefühlslage wechselte von resigniert bis wütend. Sie konnte nicht verstehen, daß sie keine Unterstützung bekam, nachdem sie das einzig Richtige als Mutter getan hatte: sie hatte ihre Kinder genommen und die Ehewohnung verlassen. Sie hatte nun keinen Wohnsitz mehr und hielt sich wechselweise bei einer Freundin und bei ihrer Schwester auf. Sie wurde auch dem Sozialarbeiter des Jugendamtes gegenüber wütend, was dieser als weiteren Grund für seine Ablehnung Sibylle gegenüber benutzte.

Schließlich konnte er davon überzeugt werden, daß er als der Vertreter des Jugendamtes, der für das Wohl von Sibylles Kindern bei einer Scheidung vom Ehemann zuständig ist, handeln mußte. Er besorgte ein Hotelzimmer für Sibylle und ihre Kinder und unterstützte sie auch gegenüber dem Sozialamt.

Parallel dazu hatte Sibylle eine einstweilige Anordnung bei Gericht beantragt, die eheliche Wohnung zu bekommen. Inzwischen wohnt sie mit den Kindern wieder in ihrer Wohnung, der Ehemann mußte sie verlassen. Sibylle hatte eine schwere Zeit, aber sie ist auch stolz darauf, ihre Kinder besser geschützt zu haben als sie es selbst erlebt hatte. Die Tochter ist in psychotherapeutischer Behandlung, und es geht ihr deutlich besser.

18. Vergewaltigung, die Folgen und die therapeutische Verarbeitung

Die Folgen

Wann oder wie oft eine Frau in ihrem Leben sexuelle Gewalt erfährt, hat keinen Einfluß darauf, wie sehr diese Erlebnisse ihr schaden. Ein einziges Erlebnis zerstört die Seele ebenso wie ein jahrelang anhaltender sexueller Mißbrauch. Sexuelle Gewalt in der Kindheit ist derselbe „Seelenmord" (Wirtz) wie eine Vergewaltigung im Erwachsenenalter. Folgeerscheinungen in der Art, wie sie bisher dargestellt wurden, entstehen immer.

Ein Unterschied zwischen sexueller Gewalt in der Kindheit und im Erwachsenenalter liegt allenfalls darin, daß eine erwachsene Frau vor dem sexuellen Gewalterlebnis möglicherweise ein positives Leben gehabt haben kann und ihre Entwicklung normal oder sogar gut verlaufen ist. Eine Vergewaltigung zerstört dann alles Positive, das vorher vorhanden war. In der therapeutischen Arbeit liegt in diesem Positiven dann ein wichtiger Rettungsanker. Mit der Unterstützung der Therapeutin kann die Frau allmählich lernen, sich an positive Erlebnisse ihres Lebens zu erinnern und sie zu spüren. Wenn sie positive Gefühle erleben kann, ist ein grundlegender Schritt auf dem Weg zum Leben erfolgt. Sie kann eine Hoffnung auf eine Besserung ihres furchtbaren Zustandes entwickeln. Sie sieht ein kleines Licht tief auf dem Grund des schwarzen Sees ihrer Seele – eher als eine Frau, die sexuelle Gewalt kennt, solange sie denken und fühlen kann.

Ein Mädchen, das sexuell mißbraucht wird, kann in vielen Bereichen ihrer Persönlichkeit keine ungestörte Entwicklung erfahren. Fähigkeiten bleiben brach liegen, und begonnene Entwicklungen reißen abrupt ab. Ein Mädchen hat vielleicht kaum gute Erlebnisse gehabt und verfügt über wenig positive Erinnerungen, auf die sie zurückblicken und sich darauf stützen könnte. Sie hat es weitaus schwerer, ein Licht auf dem Grunde des Sees zu finden. In extremen Fällen wie beispielsweise in dem von Silvia gibt es keine positiven Erfahrungen. Als Silvia zu den Pflegeeltern kam und dort auch Zuwendung erfuhr, konnte sie sie bereits nicht mehr fühlen.

Das erste positive Erlebnis, das Silvia bewußt spüren konnte, war das Verständnis, die Vorsicht und das Interesse eines Betreuers. Daran knüpft die Therapie an. Diese Erfahrungen bilden das einzige Fundament, auf dem Silvia sich in Zeiten auszuruhen versucht, wenn sie wieder viel Angst hat.

Für den Grad der Zerstörung der Seele ist auch bedeutsam, wie effektiv die Überlebensstrategien der Frau gewesen sind und wie sehr sie sich selbst hat schaden müssen, um überleben zu können. Die Kraft einer Frau ist weiterhin nicht dieselbe wie die einer anderen, und der Wille kann unterschiedlich stark sein. Manche Frauen resignieren nach einem sexuellen Gewalterlebnis und töten sich, andere bringen die Kraft und den Willen auf, massive und über Jahre anhaltende Erlebnisse zu bearbeiten und geben nie auf.

Kraft oder Resignation sollten aber nun keine Maßstäbe sein, an der Frauen gemessen werden. Wenn sie nicht von der zerstörerischen Gewalt des Mannes getroffen worden wären, müßten sie keine Folgen verarbeiten, und diese Unterschiede wären bedeutungslos.

Jede Frau ist im Laufe ihres Lebens mit Formen sexueller Gewalt konfrontiert. Das Ausmaß ist unterschiedlich, und die Übergänge sind oft fließend. Eine Frau, die sexuelle Gewalt in der Kindheit erfahren hat und im Erwachsenenalter vergewaltigt wird, erlebt eine Fortsetzung ihrer negativen Lebenserfahrung. Gefühle von Selbsthaß, Wertlosigkeit und Ohnmacht werden wieder erlebt. Unterschiedlich ist, ob die Frau diese Weiterführung bewußt erlebt oder ihre Gefühlswahrnehmung so weit abgetötet hat, daß sie es nicht mehr spürt und sexuelle Gewalt für einen wiederkehrenden Bestandteil ihres Lebens hält. Es ist davon auszugehen, daß sie infolge ihrer Lebenserfahrungen glaubt, es sei normal, daß eine Frau gequält und benutzt wird.

Eine Unterscheidung zwischen sexuellen Gewalterlebnissen – seien sie in der Kindheit oder im Erwachsenenalter erfolgt, seien sie mit Resignation oder mit Kraft seitens der Frau beantwortet worden – muß immer künstlich bleiben, da jede Frau ein eigenes Individuum ist und unterschiedlich reagiert. Die Betrachtung unterschiedlicher Aspekte mag der Therapeutin allenfalls hilfreich dabei sein, die Reaktion einzelner Frauen einordnen und verstehen zu können. Denn die Zerstörung der Seele ist nicht meßbar.

Daten und Definitionen

„Vergewaltigung" wird rechtlich definiert als gegen den Willen einer Frau praktizierter Geschlechtsverkehr. Aber auch alle aus rechtlicher Sicht geringfügigeren sexuellen Übergriffe, die unter „Sexuelle Nötigung" fallen, sind mit Folgeerscheinungen verbunden. Die Frau erlebt die Grenzübertretung bewußt als massiven Einschnitt, sei es in Form einer vaginalen, oralen oder analen Vergewaltigung. Auch Oralverkehr am Täter und Berührungen führen zu schweren Folgeerscheinungen. Die Verletzung der Frau geschieht nicht durch die Art der sexuellen Handlung, sondern durch den gewaltsamen Übergriff auf ihr Menschsein.

Ein Vergewaltiger mißachtet nicht nur die Würde der Frau, sondern die Entstehung menschlichen Lebens überhaupt. Was für den Täter eine gewaltsame Befriedigung eigener Bedürfnisse ist, bedeutet für die Frau möglicherweise, Mutter zu werden. Bei der Betrachtung des Ausmaßes der Schädigung einer Frau darf daher der Faktor einer möglichen Schwangerschaft nicht unberücksichtigt bleiben.

Wird bei der Vergewaltigung ein Kind gezeugt, ist dieses mit und durch Gewalt entstanden. Die Frau identifiziert das Kind mit der Gewalt, die sie erlitten hat und muß es ablehnen. Sie distanziert sich innerlich von dem Kind und von ihrem eigenen Körper, in dem es sich befindet. Das Kind ist nicht nur ein Teil von ihr, sondern auch das Kind des Täters. So wie sie sich von der Tat distanziert, entsteht auch eine Distanz zum Kind und damit von entstehenden Muttergefühlen.

Wenn die Frau einen Schwangerschaftsabbruch vornehmen lassen will, ist dies nur möglich durch einen Eingriff in ihren Körper, den sie nach einer Vergewaltigung wieder als Übergriff erleben wird.

Die Zahl angezeigter Vergewaltigungen und die Dunkelziffer geschätzter Übergriffe gehen weit auseinander. Geschätzt wird, daß jede dritte Frau von sexueller Gewalt betroffen ist, sei es als Kind oder als Erwachsene (Brechmann). Die Höhe der Dunkelziffer bezüglich Vergewaltigungen an erwachsenen Frauen ist auch abhängig davon, wieweit die Frau den Täter vorher kannte. Bei Vergewaltigungen durch Bekannte hat die Frau Angst, daß ihr nicht geglaubt wird oder ihr die Schuld für die Vergewaltigung zugewiesen wird. Weis stellt dar, daß 70% der angezeigten Täter ermittelt werden, die Hälfte der Verfahren aber eingestellt wird, wenn Frau und Täter sich kannten. Bei unbekannten Tätern liegt die Einstellungsquote zum Teil unter 20%. Diese Haltung der Gerichte entmutigt Frauen, Vergewaltigungen anzuzeigen. Die Dunkelziffer bei Vergewaltigungen in der Ehe liegt noch weitaus höher, da dieses bisher nicht einmal strafbar ist.

Kroll führt die Polizeiliche Kriminalstatistik mit den Daten für 1989 an, die bundesweit 4987 Vergewaltigungen und 3406 Fälle von sexueller Nötigung aufweist. Dabei handelt es sich nur um Fälle, die zur Anzeige gebracht und auch an die Staatsanwaltschaft weitergegeben wurden.

Die Statistik des Bundeskriminalamtes gibt für das Jahr 1990 5112 Vergewaltigungen und 3757 Fälle sexueller Nötigung an.

Baurmann (in: Janshen) zitiert Daten der Polizeilichen Kriminalstatistik für 1984, in der die Zahl der Vergewaltigungen an Frauen und Mädchen auf 35000 geschätzt wurde. Das Bundeskriminalamt geht von einer Dunkelziffer aus, die 3 – 10 mal mehr Fälle als die angezeigten Delikte enthält. Bei Umfragen wird die Dunkelziffer weit höher eingestuft, auf 10 – 20 mal so viele Fälle. Dabei ergibt sich ein bundesweiter Schätzwert von 200000 sexuellen Gewalttaten an Frauen und Mädchen in jedem Jahr.

Baurmann weist auf eine grundlegende Problematik von Statistiken hin, die darin besteht, daß in verschiedenen Statistiken unterschiedliche Straftaten gezählt werden.

Godenzi untersucht die Vorurteile der Gesellschaft vergewaltigten Frauen gegenüber, durch die eine Frau darin entmutigt wird, eine Vergewaltigung anzuzeigen. Einer Frau wird unterstellt, sie habe den Täter durch ihr Äußeres oder ihr Verhalten provoziert oder habe sich insgeheim gewünscht, vergewaltigt zu werden. Dazu gibt es weitverbreitete „Sprüche", die als Witze gehandelt werden wie „Man kann einen Faden nicht in ein Nadelör einführen, wenn dieses nicht stillhält." oder

„Eine Frau mit hochgezogenem Rock kann schneller laufen als ein Mann mit heruntergelassener Hose." Der Gewaltaspekt wird völlig negiert. Ein weiteres Vorurteil besagt, Vergewaltigung sei ein Triebverbrechen und geschehe nicht durch einen sogenannten „normalen" Mann. Auch hier bleibt der Gewaltaspekt unberücksichtigt. Das letzte von Godenzi dargestellte Vorurteil sagt aus, der Täter sei immer ein Fremder.

In seiner „Demontage der Vorurteile" vergleicht Godenzi diese Vorurteile mit den Aussagen, die er anonym von vergewaltigten Frauen und von Tätern erhalten hat:

Das Alter und das Aussehen einer Frau sind dem Täter völlig gleichgültig. Einen Willen gesteht er ihr nicht mehr zu. Er zwingt sie, das zu tun, was er verlangt. Keine der von Godenzi interviewten Frauen hat sich jemals eine Vergewaltigung gewünscht. Amir und Godenzi stellen beide fest, daß Vergewaltigungen nicht aus dem Affekt heraus entstehen, sondern geplant werden. Sie entspringen einem Beherrschungs- und Geltungsbedürfnis. Auch das Vorurteil, die Täter seien Fremde, widerlegt Godenzi anhand seiner Interviews: nur wenige der angezeigten Männer kannten die Frau vorher nicht.

Die therapeutische Verarbeitung

Die therapeutische Verarbeitung sexueller Gewalterfahrungen im Erwachsenenalter unterscheidet sich kaum von der von Mißbrauchserlebnissen aus der Kindheit. Die Überschreitung der körperlichen, emotionalen und sexuellen Grenzen ist dieselbe und damit auch die daraus entstehenden Folgeschäden. Die Voraussetzungen in der Herangehensweise der Therapeutin und in ihrem Verhalten sind identisch und wurden bereits dargestellt. Dasselbe gilt für weite Bereiche des therapeutischen Ansatzes wie die Notwendigkeit von Einzelbehandlung, Parteilichkeit, Klärung von Grenzen, Sicherheit des Therapieraums, Informationen und die Haltung der Therapeutin, die Frau an die Hand zu nehmen.

Die Informationen, die eine vergewaltigte Frau benötigt, unterscheiden sich allenfalls in den inhaltlichen Einzelheiten. Die Frau, die als Erwachsene sexuelle Gewalt erfahren hat, ist ebenso mit Schuld- und Schamgefühlen belastet wie die Frau, die sexuellen Mißbrauch in der Kindheit erlebt hat. Beide sind mit Schuldzuweisungen seitens der Gesellschaft konfrontiert, die sich auf ihr Aussehen und ihr Verhalten beziehen. Zusätzlich wird der vergewaltigten Frau oft vorgeworfen, sich in gefährliche Situationen begeben zu haben, indem sie den Täter beispielsweise in seiner Wohnung besucht hat oder sich von ihm zum Essen einladen ließ. Sie benötigt klare Informationen seitens der Therapeutin, daß diese Vorwürfe oder Selbstbeschuldigungen nicht zutreffen und der Täter die Verantwortung trägt.

Im diagnostischen Bereich gibt es in der Regel etwas weniger Schwierigkeiten als bei sexuellem Mißbrauch in der Kindheit. Eine Vergewaltigung im Erwachsenenalter wird meistens bewußt erlebt und die Erinnerungen daran sind abrufbar. Vielen Frauen fällt es schwer, das Geschehene auszusprechen, aber sie haben keine Zweifel daran, daß die Vergewaltigung stattgefunden hat. Ein Mißtrauen gegenüber der eigenen Wahrnehmung und Erinnerung liegt seltener vor.

Ein Verdrängungsprozeß kann aber auch nach einer Vergewaltigung im Erwachsenenalter entstehen, wenn die Frau mit niemandem über das Erlebnis spricht. Manche Frauen schweigen jahrzehntelang. Mit dem allmählichen Nachlassen der gesellschaftlichen Tabuisierung sexueller Gewalt sprechen jedoch zunehmend mehr Frauen. Manche sehen plötzlich die Zusammenhänge zwischen ihren Problemen und der erlebten Vergewaltigung und entwickeln die Hoffnung, ihre Erlebnisse auch verspätet noch bearbeiten zu können.

Wenn die Therapeutin den Verdacht hat, ihre Klientin könnte sexuelle Gewalt im Erwachsenenalter erfahren haben und diese verdrängen, sollte sie mit diesem Verdacht ebenso sorgsam umgehen wie es im Zusammenhang mit der Verdrängung von sexuellem Mißbrauch in der Kindheit dargestellt wurde. Sie sollte den Verdacht nicht von sich aus ansprechen, sondern eine Eigeninitiative der Frau abwarten und sorgfältig auf Andeutungen und Hinweise achten.

Je eher die therapeutische Hilfe nach einer Vergewaltigung einsetzen kann, desto weniger ist die Notwendigkeit der Verdrängung unerträglicher Erinnerungen und Gefühle gegeben. Viele Langzeitschäden lassen sich vermeiden. Die Arbeit kann umgehend mit einer Krisenintervention [25] beginnen und in einen allmählichen Verarbeitungsprozeß übergehen. Es ist wichtig, vergewaltigten Frauen möglichst umgehend einen Therapieplatz zu geben. Der einzige Grund, Zeit verstreichen zu lassen, darf allenfalls in der Unsicherheit der Frau bestehen, die noch Angst vor einer Therapie hat.

Von der Grenzüberschreitung sind ebenso wie beim sexuellen Mißbrauch hauptsächlich die in der Situation gequälten Körperregionen betroffen und reagieren mit Anspannungen und Erkrankungen. Mit diesen Körperregionen kann in derselben Weise therapeutisch gearbeitet werden wie bereits dargestellt.

Angst ist auch nach einer Vergewaltigung im Erwachsenenalter ein grundlegendes Gefühl der Frau, entstanden durch die massive Bedrohung. Die Angst ist ständig spürbar. Alltägliche Situationen werden als bedrohlich erlebt, die Frau rechnet immerzu mit einem erneuten Übergriff. Sie fühlt sich nirgends sicher und überall und von jedem bedroht. Selbst ein vertrauter Partner wird aus dieser Angstperspektive gesehen und als mögliche Bedrohung erlebt.

Die Frau ist aus ihrem Leben gerissen worden und empfindet keine Sicherheit mehr. Es ist ein mühsamer und notwendiger Prozeß, wieder Grundlagen und Sicherheiten in ihrem Alltag aufzubauen und das Vertrauen in Regelmäßigkeiten und in bisherige positive Erfahrungen mit bekannten Personen wiederzugewinnen. Die Frau muß ständig eine Realitätsüberprüfung ihrer Angst vornehmen, um zwischen realer Bedrohung und unnötiger Angst unterscheiden zu können. Sie muß allmählich lernen, ihre Angst nicht mehr auf alle Personen zu übertragen und bedrohliche von vertrauenswürdigen Menschen zu unterscheiden.

Im therapeutischen Prozeß muß die Angst ausgedrückt werden, wenn die Frau nach einer allmählichen inneren Stabilisierung dazu bereit ist. Die Reorganisation nach dem erneuten Durchleben der Vergewaltigung muß mit einem erfolgreichen Wehren gegen den Täter verbunden sein. Es ist wichtig, behutsam vorzugehen und dem Rhythmus und den Entscheidungen der Frau zu folgen.

Parallel zur Therapie oder daran anschließend ist ein Selbstverteidigungstraining sinnvoll, um der realen Angst besser begegnen zu können. Denn die Frau hat erlebt, daß Vergewaltigungen jederzeit und an jedem Ort erfolgen können. Sie weiß, daß es jederzeit wieder geschehen kann und hat damit eine reale und begründete Angst.

Die Umgangsweisen mit der erfahrenen Gewalt in Form von Depression, Aggression, Autoaggression und Suizid sind nach Vergewaltigungen im Erwachsenenalter in derselben Form gegeben wie nach sexuellem Mißbrauch in der Kindheit. Dasselbe gilt auch für den oft sehr negativen und ablehnenden Umgang mit dem eigenen Körper, den Verlust von Grenzen und Suchtverhalten als Folgeerscheinung. Isoliertes Verhalten seitens der Frau ist dann die Folge einer Vergewaltigung, wenn die Frau nicht darüber spricht oder wenn das Umfeld ihren Schilderungen nicht glaubt und sie nicht ausreichend unterstützt. Massive Einbußen im Selbstwertgefühl und Selbsthaß sind die Folge.

Wenn die Frau von ihrem Umfeld verständnisvoll abgefangen wird, muß sie sich nicht isolieren. Sofern sie den Menschen um sich Vertrauen entgegenbringen kann, können diese ihr das Gefühl geben, akzeptiert und gemocht zu sein. Es wird ihr nach einem solchen Erlebnis mit aller Entwertung und Entmenschlichung schwerfallen, Akzeptanz und Zuneigung überhaupt für möglich zu halten und zu spüren.

Ein unterstützendes Umfeld ist auch für die therapeutische Verarbeitung hilfreich. Oft ist es sinnvoll, mit den Menschen im Umfeld der Frau Gespräche zu führen, um ihnen ein Verständnis für das Verhalten der Frau und ihre Gefühle zu vermitteln. Solche Gespräche sollten im Beisein der Frau erfolgen, sofern sie es nicht ausdrücklich anders wünscht. Gespräche ohne ihre Beteiligung könnten ihre Gefühle von Angst und Mißtrauen verstärken. Sie soll sich sicher sein können, daß nichts ohne ihr Einverständnis besprochen oder getan wird. Sie kann dabei wählen, ob sie selbst sprechen will oder ob die Therapeutin den anderen manche oder alle Informationen geben soll. Menschen ohne eigene Gewalterfahrungen können es oft nur schwer nachvollziehen, wie die Frau sich fühlt und erwarten schon nach kurzer Zeit wieder ein „normales“ Verhalten von ihr, werden ungeduldig oder machen ihr Vorwürfe (Brechmann).

Eine Vergewaltigung ist eine Erfahrung außerhalb jeder Menschlichkeit im Niemandsland zwischen Leben und Tod. Die Frau hat oft über lange Zeit hinweg ein Gefühl des inneren Todes und der inneren Leere. Es ist ein mühsamer Prozeß, das Innere wieder mit Wahrnehmungen, Gefühlen und Lebendigkeit zu füllen.

Im Bereich der Sexualität treten verständlicherweise massive Störungen auf. Auch hierbei ist es wichtig, den Partner oder die Partnerin der Frau in die Therapie einzubeziehen, um die Gefühle und Verhaltensweisen der Frau im sexuellen Bereich verständlich zu machen. Partner von vergewaltigten Frauen benötigen viel Einfühlungsvermögen. Sie dürfen auf keinen Fall irgendeine Grenze der Frau überschreiten. Eine dem Partner geringfügig erscheinende Grenzüberschreitung kann für die Frau ein gefühlsmäßiges Wiedererleben der Vergewaltigung bedeuten. Ein Partner muß möglicherweise lange auf die Erfüllung seiner eigenen sexuellen Bedürfnisse verzichten, damit die Frau Zeit und Ruhe hat, allmählich wieder Gefühle und Empfindungen im sexuellen Bereich wahrzunehmen und gefahrlos erleben zu können. Sexualität kann nur langsam wieder mit positiven Gefühlen statt mit Gewalt verbunden werden. Für den Partner gelten dieselben Regeln wie für die Therapeutin: nichts gegen den Willen der Frau und immer in ihrem Rhythmus.

Wenn eine vergewaltigte Frau den Täter anzeigt, erfolgt die Konfrontation mit ihm im Gerichtsverfahren. Sofern das Gericht der Frau glaubt und den Täter verurteilt, muß er auf diese Weise die Verantwortung für seine Tat tragen. Die Frau hat ihm indirekt über das Gericht die Verantwortung zurückgegeben.

Es hat katastrophale Auswirkungen auf die Frau, wenn das Gericht ihr nicht glaubt oder ihr die Schuld am Geschehenen zuweist. Damit wird sie öffentlich für ihr Leiden selbst verantwortlich gemacht. Viele Frauen bezeichnen ein solcherart verlaufenes Gerichtsverfahren als zweite Vergewaltigung (Flothmann & Dillig).

Selbst wenn das Gericht den Täter zur Rechenschaft zieht, ist ein solches Verfahren mit den notwendigen Aussagen belastend für die ohnehin gequälte Frau, besonders wenn sie öffentlich Einzelheiten der Vergewaltigung aussprechen oder gar auf beschuldigende Fragen eines Verteidigers antworten muß. Es ist zu hoffen, daß sich auch bei Gericht immer mehr Offenheit und Informationen zum Thema sexueller Gewalt ausbreiten und der Frau in der Zukunft per Gesetz andere Bedingungen geboten werden wie: nicht mehr öffentlich aussagen zu müssen und vor unsachlichen Fragen von Verteidigern geschützt zu sein. Die in fachlicher Hinsicht bekannte Tatsache, daß es kaum Falschaussagen im Bereich sexueller Gewalt gibt (2 bis maximal 5% nach Baurmann) sollte ausreichen, um tausenden Frauen die Qualen der bisherigen Gerichtsverfahren zu ersparen. Wer an einem solchen Prozeß einmal teilnimmt und mitfühlt, wie es einer Frau dabei ergeht, kann sich nicht mehr vorstellen, daß eine Frau sich dieser Qual freiwillig aussetzen könnte, um jemanden fälschlich zu beschuldigen.

Es ist erfreulich, daß das Thema allgemein zunehmend weniger tabuisiert wird und immer mehr darüber gesprochen werden kann.

Bedauerlich, ja erschreckend ist in diesem Zusammenhang das Auftauchen einer neuen Bewegung gegen die Öffentlichmachung sexueller Gewalt, die behauptet, für die sexuelle Freiheit von Kindern einzutreten. Es wird behauptet, daß den Kindern durch die Problematisierung von Übergriffen mehr geschadet werde. als durch den Mißbrauch selbst. Die Folgeerscheinungen werden von dieser Gegenbewegung verharmlost.

Ein abschreckendes Beispiel dazu ist Rutschky, die mit Zynismus und Ironie unter anderem dem Erfahrungsbericht einer Mutter eines sexuell mißbrauchten Kindes jede Glaubwürdigkeit abspricht. Betrachtet man Rutschkys Argumentation genau, zeigt sich recht schnell, daß es sich lediglich um Behauptungen handelt, die sie in rhetorisch geschickter Weise aufstellt. Sie ist nicht in der Lage, ihre Behauptungen sachlich und fachlich auch zu begründen. Letztlich handelt es sich auch nicht um eine neue Bewegung zur sexuellen Gewalt, sondern es wird die Argumentation der Freud'schen Theorie des Ödipuskomplexes aufgegriffen und Kindern sowie auch deren Müttern Phantasien oder böse Absichten dem Täter gegenüber unterstellt. Veraltete Theorien werden nur in neue Worte verpackt. Erschreckend ist dabei auch, in welch gewaltsamer Art Rutschky über sexuelle Gewalt schreibt.

Es ist wichtig, solche Gegenbewegungen im neuen Gewand zu entlarven. Keine Frau, die das Niemandsland zwischen Leben und Tod kennt, würde es sich anmaßen, die Worte einer Frau oder eines Kindes über sexuelle Gewalterfahrungen anzuzweifeln.

Fallbeispiele

Die dreiunddreißigjährige Ute kommt mit einer schweren Depression in die therapeutische Behandlung. Sie leidet ständig an Krankheiten, kaum ist eine Erkrankung ausgeheilt, beginnt eine nächste. Ute ist kaum in der Lage, ihre drei Kinder zu versorgen. Die Ehe ist nicht glücklich, und sie würde gern arbeiten gehen, um aus dem Hause zu kommen, ist aber wegen der Krankheiten dazu nicht in der Lage.

Im Zusammenhang mit der Anamnese berichtet sie von zahlreichen sexuellen Mißbrauchserlebnissen in ihrer Kindheit. Der Vater hat sie häufig zu Bekannten gebracht, die ihm Geld oder Alkohol gaben. Dann verschwand er, und Ute wurde mißbraucht. Ihre erste Vergewaltigung erlebte sie, als sie acht Jahre alt war. Sie konnte mit niemandem darüber sprechen. Die Mutter kümmerte sich kaum um die Kinder, und in der Rangordnung der Geschwister war Ute die letzte, an der alle ihre Aggressionen abluden. Als sie in der Jugend ihren jetzigen Mann kennenlernte, beschützte dieser sie vor den körperlichen Übergriffen ihres Bruders, und Ute heiratete ihn so bald wie möglich, um aus dem Elternhaus wegzukommen. Solange sie sich allen Vorstellungen ihres Ehemanns unterordnete und auch mit ihm schlief, wenn er es wünschte, gab es keinen Streit. Sobald Ute aber eigene Interessen verfolgen wollte, versuchte der Mann es zu verhindern. Dieses führte so weit, daß er ihr die Kontovollmacht entzog und sie wie ein kleines Kind um jede Ausgabe für den Haushalt und die Kinder kämpfen mußte.

Im Verlauf der Therapie verarbeitet Ute allmählich ihre Mißbrauchserlebnisse aus der Kindheit. Die körperlichen Krankheiten und die depressiven Reaktionen lassen nach. Ute nimmt die ersehnte Halbtagstätigkeit auf und wird in allen Bereichen selbständiger und selbstbewußter. Sie verweigert sich dem Mann zunehmend sexuell, weil sie spürt, daß er sie nur zum Abreagieren von Spannungen benutzt. Ute beschließt, im Wohnzimmer zu schlafen.

In einer Therapiestunde berichtet sie nach anfänglichem Zögern, der Mann sei betrunken von einer Feier nach Hause gekommen und habe verlangt, daß sie mit ihm schlafe. Als sie nein sagte, zwang er sie mittels seiner Körperkraft dazu. Als Ute davon erzählt, ist ihr zunächst nicht bewußt, daß sie eine Vergewaltigung schildert. Erst im Verlauf der Therapiestunde wird es ihr bewußt, und sie beginnt zu weinen. Sie sagt daraufhin, daß dieses nicht das erste und einzige Mal war, daß sie von ihrem Mann vergewaltigt wurde.

Sexuelle Gewalt war von Kindheit an ein Teil ihres Alltags gewesen, und es war ihr nicht bewußt aufgefallen, daß diese Erlebnisse in der Ehe fortgesetzt wurden. Sie hatte nur die Folgeerscheinungen in Form von Depressionen und ständigen körperlichen Erkrankungen wahrnehmen können.

Ute hat nun ein Jahr später die Kraft gefunden, sich von ihrem Mann zu trennen. In dieser Phase versucht er immer wieder, Ute zu quälen, indem er die Kinder gegen sie aufzubringen versucht. Ute ist häufiger krank und ist zeitweilig auch wieder depressiv. Sie findet jedoch immer wieder einen Weg, sich zu stabilisieren und bewahrt ihr gewonnenes Selbstwertgefühl und Selbstbewußtsein, weil sie einordnen kann, was ihr Mann tut und was er damit beabsichtigt. Sie meint, daß ihr eigenes Leben erst dann richtig beginnen wird, wenn sie eine Wohnung für sich und ihre Kinder gefunden hat.

Jeannette kommt im Alter von 31 Jahren wegen einer starken Depression und wegen Übergewichts in die Therapie. Sie wurde als Kind emotional sehr vernachlässigt und lebte von klein auf innerlich isoliert. Die Mutter war phasenweise psychotisch und litt unter Vergiftungsängsten. Sie beschuldigte ihr gesamtes Umfeld, sie umbringen zu wollen. Jean-

nette verhielt sich immer still und bemühte sich, nicht aufzufallen, um keinen Ärger und keine Ablehnung auf sich zu ziehen. Der Vater ließ das Verhalten der Mutter über sich ergehen und schwieg. Jeannette hatte niemanden, mit dem sie hätte sprechen können.

Als sie 18 Jahre alt war, wurde sie auf dem Weg von einem Verwandtenbesuch auf der Straße vergewaltigt. Sie ging danach nach Hause und sprach mit niemandem darüber. Keiner schien zu bemerken, daß es ihr noch schlechter ging als vorher.

In der Therapie erkennt Jeannette allmählich die Zusammenhänge zwischen ihren Störungen und ihrer Lebensgeschichte. Sie lernt zunehmend, sich mitzuteilen und auch über ihre tiefen Gedanken und Gefühle zu sprechen. Ihre soziale Isolation lockert sich bald, und sie baut einen zuverlässigen Freundeskreis auf. Ihr Selbstwertgefühl und ihr Mut, auf andere zuzugehen, wachsen allmählich.

Als sie mit der Verarbeitung der Vergewaltigung beginnt, hat sie zuvor ein stabiles inneres Fundament aufgebaut, und eine Reorganisation ist problemlos möglich. Jeannette nimmt auch an einem Selbstverteidigungstraining teil, das ihr viel Freude macht und ihr Kraft und Zuversicht vermittelt, sich wehren zu können. Sie fühlt sich nicht mehr hilflos und ausgeliefert. Über den Abbau ihrer sozialen Isolation und die Verarbeitung der Vergewaltigung hat sie den Weg in ein zufriedenes Leben gefunden.

Birgit kommt mit 27 Jahren in die Psychotherapie. Sie ist vor wenigen Wochen vergewaltigt worden. Sie leidet unter Angstzuständen und angstbedingten Wahrnehmungsverzerrungen. Sie nimmt Situationen und Personen als bedrohlich wahr, was sich bei einer Realitätsüberprüfung als unnötig herausstellt. Birgit ist depressiv und trägt sich mit Suizidgedanken. Sie fühlt sich von ihren Freundinnen und Freunden unverstanden und isoliert sich immer mehr. Birgit verfügt über eine hohe Einsichtsfähigkeit in die bei ihr vorliegenden Probleme und versteht die Unfähigkeit ihres sozialen Umfeldes durchaus. Sie weiß, daß viele ihre Gefühle nicht nachvollziehen können, weil sie keine ähnlichen Erfahrungen gemacht haben.

Birgit hat in ihrem bisherigen Leben keine größeren Probleme gehabt. Sie war eine fröhliche und aufgeschlossene junge Frau, hatte einen großen Freundeskreis und war beruflich erfolgreich. Mit den Eltern hatte es in der Kindheit alltägliche Reibereien gegeben, die sie jedoch nicht als gravierend erlebt hatte. Die Beziehung zu den Eltern ist zum Zeitpunkt des Therapiebeginns sehr positiv.

Birgit überwindet den Schock der Vergewaltigung innerhalb von einigen Wochen. Da ihre Freunde sie nicht verstehen, macht sie sich aktiv auf die Suche nach Frauen mit sexuellen Gewalterfahrungen und veröffentlicht einen Artikel in der Zeitung. Sie tauscht sich mit anderen betroffenen Frauen aus und fühlt sich verstanden. Allmählich kann sie selbstbewußter auf ihren Freundeskreis zugehen und Verständnis einfordern, kann sich aber auch zurücknehmen, wenn sie spürt, daß sie die anderen überfordert. Mit Hilfe körpertherapeutischer Unterstützung nimmt ihr Körpergefühl zu, und manchmal kann Birgit wieder lachen. Die Depression und die Angst lassen nach. Das Durchleben der Vergewaltigung und die Reorganisation machen ihr deutlich, daß sie sich besser wehren lernen möchte, und sie beginnt mit einem Selbstverteidigungstraining.

Birgit wird in ihrem Leben nie wieder so unbelastet sein können wie sie es vor der Vergewaltigung war, aber sie ist in der Lage, die schreckliche Erfahrung zu verarbeiten und in ihr bisheriges Leben zu integrieren. Sie kann wieder lachen.

Zu einer weiteren Verdeutlichung des Zusammenhangs zwischen den Auswirkungen einer Vergewaltigung und dem bisherigen Lebensumfeld möchte ich abschließend noch auf einige Aspekte der Massenvergewaltigungen im ehemaligen Jugoslawien eingehen. Dort zeigt sich auf erschreckende Weise, daß Analysen von Autorinnen wie Brownmiller nicht nur für die Vergangenheit gelten, sondern auch heute Realität sind. Vergewaltigung ist im Krieg ein Mittel der Männer zum Kampf gegen andere Männer. Hier wird deutlich, daß es keinesfalls um „sexuelle Triebbefriedigung" geht, sondern um Macht. Der sexuelle Aspekt der Vergewaltigung ist allenfalls soweit von Bedeutung, als er Moslems besonders nachhaltig trifft. Die Vergewaltiger setzen ihr Wissen um den kulturellen Hintergrund der Moslems gezielt ein; die Vergewaltigungen sind geplant.

Moslemische Frauen gelten als unrein und können nicht mehr verheiratet werden, wenn sie Geschlechtsverkehr hatten. Verheiratete Frauen werden von ihrem Männern verstoßen. Dabei ist unbedeutend, ob der Geschlechtsverkehr mit ihrem Einverständnis oder gegen ihren Willen erfolgt ist. Die Frauen haben nicht nur die körperlichen und seelischen Folgeerscheinungen ihrer furchtbaren Erlebnisse zu tragen, sondern ihr gesamtes bisheriges Lebensumfeld und die Grundlage ihrer Existenz bricht zusammen. Sie haben gesellschaftlich nichts mehr zu erwarten.

Die Vergewaltiger wissen sehr genau, daß sie diese Familien ihrer politischen Feinde durch die Vergewaltigungen an ihren Frauen nachhaltig zerstören. Selbst wenn einige Männer ihre Frauen in Anbetracht der Umstände der Vergewaltigungen nicht verstoßen, so bleibt doch in ihrem Gefühl ein lebenslanger Makel an ihnen haften. Diese Frauen, die ohnehin zur Unterwürfigkeit ohne eigene Entscheidungsmöglichkeiten erzogen wurden, erleben mit den körperlichen, seelischen und familiären Folgen der Vergewaltigungen eine Potenzierung ihres bisherigen Leidens.

Sofortige Krisenintervention mit anschließender therapeutischer Bearbeitung ist für jede dieser Frauen dringend notwendig. Jede einzelne müßte nicht nur die Vergewaltigungserlebnisse verarbeiten, sondern auch die gesellschaftlichen und familiären Reaktionen darauf. Sie müßte auf dem Hintergrund ihres kulturellen Denkens einen Weg finden, sich selbst nicht abzuwerten und völlig zu resignieren. Wahrscheinlich ist für diese Frauen eine Verarbeitung dieser furchtbaren Erlebnisse nur dann möglich, wenn sie – wie Frauen unseres Kulturhintergrundes auch – sexuelle Gewalt insgesamt aufarbeiten. In einer Kultur, in der der Frau von vornherein so wenige Rechte eingeräumt werden, hat die vergewaltigte Frau von klein auf gelernt, sich den Bedürfnissen von Männern unterzuordnen. Wenn diese Frauen die Kriegsvergewaltigungen wirksam verarbeiten wollen, werden sie lernen müssen, sich gegen Formen sexueller Gewalt – auch innerhalb ihrer eigenen Gesellschaft – zu wehren. Dazu ist ein Bewußtwerdungsprozeß ihrer gesellschaftlichen Situation als Frau und Mutter notwendige Voraussetzung.

Dazu kommt bei den moslemischen Frauen noch ein vom Kriegsvergewaltiger gezeugtes Kind und damit viele Gefühle, die ebenfalls wie schon dargestellt berücksichtigt und verarbeitet werden müssen.

Auf diesem aktuellen Hintergrund wird auf erschreckende Weise wieder einmal deutlich, daß sexuelle Gewalt täglich und weltweit stattfindet und stattfinden wird, bis die Notwendigkeit ersichtlich wird, sich für mehr Öffentlichkeit in diesem Bereich einzusetzen. In Anbetracht der Häufigkeit und des Ausmaßes ist zu wünschen, daß Fachleute in allen sozialen Bereichen sich mehr mit dieser Realität auseinandersetzen und die Dringlichkeit einer Weiterqualifikation nicht nur sehen, sondern dies auch in die Tat umsetzen.

Schlußwort

An dieser Stelle möchte ich die Hoffnung aussprechen, daß mein Buch ein Anlaß zu Diskussionen und zu der dringend notwendigen Auseinandersetzung mit sexueller Gewalt sein kann. Dieses Buch gibt direkte und klare Anregungen, die in zehnjähriger praktischer Arbeit gewonnen wurden. Ich hoffe, daß es betroffenen Frauen und den Therapeutinnen, die mit ihnen arbeiten, Anregungen gibt und ihre eigene Phantasie beflügelt, Wege zu suchen vom Überleben zu einem selbstbestimmten und zufriedenen Leben hin.

Leben statt Überleben

Die Tage mit Überleben zugebracht
und du fragst nach Leben
Die Tage mit Angst gefüllt
und du bist nicht mehr du selbst
Traurigkeit, Verbitterung, Haß –
Was treibt dich noch hinaus?
Sind es Illusionen, Träume,
das Ufer noch zu erreichen?
Kämpfe! Schenke anderen nicht
den Sieg über dich!

Die Tage mit Leben zugebracht –
du hast dich aus Ketten befreit
Die Tage mit Ruhe gefüllt
auch Weinen hilft weiter
Du spürst dich selbst
Keiner hat mehr Macht über dich.
Du hast Hoffnung,
weil du Vertrauen hast –
Vertrauen zum Leben.

MARTINA RUPPRECHT

Literaturhinweise

Amir, Menachem: Patterns in forcible rape, Chicago 1971

Backe, L., Leick, N., Merrick, J., Michelsen, N.: Sexueller Mißbrauch von Kindern in Familien, Deutscher Ärzteverlag, 1986

Bauernfeind, Yasmina und Schäfer, Marlies: Die gestohlene Kindheit, Verlag Droemer Knaur

Boadella, David: Wilhelm Reich. Scherz-Verlag, 1980

Boadella,David: Befreite Lebensenergie. Kösel-Verlag, 1991

Boadella, David: Energy and Character. Deutsche Ausgabe herausgegeben von Bernhard Maul, Berlin.

Braecker, Solveig und Wirtz-Weinrich, Wilma: Sexueller Mißbrauch an Jungen und Mädchen, Beltz-Verlag

Brechmann, Theresia: Jede dritte Frau, rororo

Breitenbach, Eva: Mütter mißbrauchter Mädchen, Centaurus-Verlag

Brownmiller, Susan: Gegen unseren Willen, Fischer Verlag

Chamberlain, David: Woran Babies sich erinnern, Kösel Verlag, 1988

Enders, Ursula: Zart war ich, bitter war's. Volksblatt-Verlag, 1990

Fitzgerald, Kitty: Die Frau gegenüber. Verlag Frauenoffensive, 1987

Flothmann, Karin und Dillig, Jochen: Vergewaltigung – Erfahrungen danach, Fischer Verlag

Godenzi, Alberto: Bieder, brutal, Unions-Verlag

Janshen, Doris: Sexuelle Gewalt, Verlag Zweitausendeins

Keleman, Stanley: Embodying Your Experience. Transform-Verlag

Kroll, Claudia: Vergewaltigungsprozesse, Notruf und Beratung für vergewaltigte Mädchen und Frauen, Frauen gegen Gewalt e.V., 1992

Lowen, Alexander: Bioenergetik. Scherz-Verlag, 1987

Lowen, Alexander: Der Verrat am Körper, rororo, Hamburg 1982

Ministerium für Arbeit, Gesundheit und Soziales des Landes Nordrhein-Westfalen: Was stimmt da nicht? 1991

Postun, Carol und Lison, Karen: Weiterleben nach dem Inzest, Verlag Fischer

Reich, Wilhelm: Charakteranalyse, Frankfurt 1973

Reich, Wilhelm: Die Funktion des Orgasmus, Köln 1969

Rijnaarts, Josephine: Lots Töchter, Verlag dtv

Rush, Florence: Das bestgehütete Geheimnis, Orlanda Frauenverlag

Rutschky, Katharina: Erregte Aufklärung, Klein Verlag

Sgroi, Bunk, Wabrek: Children's Sexual Behavior and Their Relationship to Sexual Abuse

Steinhage, Rosemarie: Sexueller Mißbrauch an Mädchen, rororo 1990
Steinhage, Rosemarie: Sexuelle Gewalt, Kinderzeichnungen als Signal, rororo 1992
van den Broek, Jos: Verschwiegene Not, Kreuz Verlag, 1993
von Outsem, Ron: Sexueller Mißbrauch an Jungen, Donna Vita Verlag, 1993
Weis, Kurt: Die Vergewaltigung und ihre Opfer, Stuttgart 1982
Wirtz, Ursula: Seelenmord. Kreuz-Verlag, 1989
Wyre, Ray und Swift, Anthony: Und bist du nicht willig ... Die Täter, Volksblatt Verlag

Stichwortverzeichnis

[1] Inzest. Sexueller Kontakt zu einem Blutsverwandten, teilweise werden auch Stief-Verwandte oder Beziehungen in Pflegefamilien hinzugezählt.
[2] ausagieren. Handeln, frei verwendet für abladen.
[3] infantil. Kindlich, kindisch.
[4] Supervision. Rückmeldung über die Arbeit und fachliche Unterstützung durch Kollegen. Teilweise gehört auch eine emotionale Aufarbeitung von eigenen Problemen dazu, die der Therapeutin bei ihrer Arbeit im Wege stehen.
[5] promiskuitiv. Sexuelle Beziehungen zu vielen Partnerinnen, häufig wahllos.
[6] Masturbation. Selbstbefriedigung.
[7] Regression. Verhaltensweisen aus einem Entwicklungsstand, der schon abgeschlossen wurde. Nuckeln, Einnässen, Einkoten und ähnliche Verhaltensweisen, die das Kind bereits beendet hatte, können wieder auftreten.
[8] Symbiose. Verschmelzung.
[9] Suizid. Selbstmord.
[10] Intervention. Dazwischengehen.
[11] Psychotisch. In diesem Zusammenhang als entfernt von der Realität zu verstehen.
[12] Vegetotherapie. Der Name Reichs für seine körperorientierte Psychotherapie-Methode.
[13] Bioenergetik. Name Alexander Lowens für seine Methode körperorientierter Psychotherapie.
[14] Biodynamik. Name Gerda Boyesens für ihre Methode körperorientierter Psychotherapie.
[15] Phobien. Starke Ängste mit Panikreaktionen.
[16] Gynäkologisch. Frauenärztlich.
[17] Masochismus. Die eigene Sexualität wird verbunden mit Schmerz, den man sich selbst oder vom Partner zufügen läßt.
[18] Psychose. Störung der Realitätswahrnehmung.
[19] Borderline-Syndrom. Ein Begriff, der in der Therapie vielschichtig verwendet wird. Frei übersetzt als Grenzgänger- Erscheinung. Die Frau wandert an der Grenze zwischen Realität und wahnhaftem Erleben, verliert den Bezug zur Realität aber nur manchmal und für einen kurzen Zeitraum. Die körpertherapeutische Definition des Borderline-Syndroms beinhaltet, daß die Grenzen der Frau in jeder Weise schwach ausgeprägt sind. Dieses gilt in körperlicher und psychischer Hinsicht. Dazu gehört auch eine Unklarheit über Grenzen, die sich beispielsweise in Beziehungen darin äußert, daß die Frau nicht durchschauen kann, wie Beziehungsdynamiken verlaufen.

[20] Frei flottierende Angst. Mit Panik verbundene Angst, die kaum zu greifen ist und sich in ihrer Form ständig verändern kann.
[21] Adäquat. Angemessen.
[22] Autoaggressionen. Gegen die eigene Person gerichtete Aggressionen.
[23] Sedierend. Beruhigend.
[24] Tranquilizer. Beruhigende Medikamente, die abhängig machen können.
[25] Kriseninterventionen. Sofortige Behandlung eines kritischen psychischen Zustandes, die eine Stabilisierung des Befindens zum Ziel hat.